Y Daith

Y Daith

Mairwen Thorne

I Helen

Mae'r digwyddiadau a'r cymeriadau yn yr ysgrifau hyn yn wir, ond fel y'u gwelir drwy lygaid yr awdur, wrth gwrs, gyda thasgiad go dda o liw yma a thraw...

Argraffiad cyntaf: 2010

Cynllun y clawr: Alan Thomas
Llun y clawr: Mairwen Thorne

Rhif Llyfr Rhyngwladol: 9781847712561

Cyhoeddwyd, rhwymwyd ac argraffwyd yng Nghymru
gan Y Lolfa Cyf., Talybont, Ceredigion SY24 5HE
gwefan www.ylolfa.com
e-bost ylolfa@ylolfa.com
ffôn 01970 832 304
ffacs 832 782

Rhagair

CEFAIS FY NGENI YN y Rhondda i deulu Cymraeg, ond fe'm magwyd drwy gyfrwng y Saesneg, a hynny yn ôl agwedd y mwyafrif o bobol yng nghymoedd diwydiannol y De yn yr oes a oedd ohoni. 'Get up and get out' oedd nod y genhedlaeth hŷn bryd hynny. Yn ddwy ar bymtheg oed, es i Goleg Celf Caerdydd lle cwrddais â Martin, un o Henffordd, a oedd yn astudio Peirianneg Sifil ym Mhrifysgol Cymru Caerdydd. Ar ôl priodi, dysgais Gelf mewn ysgol ar gyrion Llundain, cyn anturio i ochr arall y byd am gyfnod yn Awstralia. Dyna ddechrau'r hoffter dwfn parhaol tuag at y wlad a'n ffrindiau newydd yno. Ganed ein dwy ferch yn Awstralia ond, er teimladau cymysg dychwelyd wnaethom i Brydain ac at ein teuluoedd, yn ôl y cynllun, gan ymsefydlu yng nghefn gwlad Swydd Henffordd.

Wedi mabwysiadu'n hapus y bywyd Seisnig dros y ffin am amser maith a minnau'n cyrraedd canol oed, o nunlle cefais fy nhynnu'n ôl at fy ngwreiddiau. Yn sgil marwolaeth drasig fy nith Helen a oedd yn medru'r Gymraeg, fe ymroddais i'r daith ddiddiwedd o ddysgu'r iaith a dechreuodd fy obsesiwn â'r byd eisteddfodol a'r pethe!

Yn 2000, ymunais â chynllun y Radd Allanol ym Mhrifysgol Aberystwyth. Hanner ffordd drwy'r cwrs gradd, sylwais ar deitl un o'r modiwlau, sef Ysgifennu Creadigol, a heuwyd y syniad yn fy meddwl i roi cynnig ar stori Helen, sef sail yr awydd i droi at yr iaith yn y lle cyntaf. Dros amser, roedd straeon eraill yn codi yn fy meddwl, straeon a allai amgylchu'n gynnes â stori Helen, ond hefyd ei lleddfu ag elfen o hiwmor y Rhondda.

Er mwyn lleddfu fy euogrwydd am dreulio tair wythnos yn Awstralia gyda hen ffrindiau annwyl am y trydydd tro, yn lle mynd at y gwaith o ysgrifennu, penderfynais gadw dyddiadur bach. Ond wrth gwrs, cododd atgofion rif y gwlith yn ystod y broses syml honno. Felly, hanes un daith bywyd oddi mewn i daith ehangach – dau gylch, fel petai – yw'r gyfrol fach ddwy ran hon, a genir mewn lleisiau amrywiol o fydoedd amrywiol.

Hoffwn ddiolch i'm hen deulu a chymeriadau cryfion y Rhondda am ei straeon di-rif dros y blynyddoedd; i'm ffrindiau niferus ar y daith hir o ddysgu'r Gymraeg; i'm gŵr Martin a ranodd bron pob cam, ac i Adran y Gymraeg Prifysgol Aberystwyth am agor y drws imi i holl gyfoeth hanes a llenyddiaeth Cymru.

Yn olaf, hoffwn ddiolch i'r Lolfa am y cyfle i gyhoeddi'r gyfrol fach hon ac yn arbennig i Meinir Wyn Edwards am ei chymorth, ei charedigrwydd a'i sylwadau gwerthfawr.

Mairwen Thorne

Cred yr aboriginiaid bod bywyd yn gylch...

YNG NGWIR YSBRYD Y traddodiad triawdol, dyma ni – Martin y gŵr a minnau – yn paratoi ar gyfer ein trydedd taith hir i Awstralia. Ar ben hyn, dyma'r trydydd tro yn ystod y tair blynedd diwethaf i ni geisio gwireddu'n dyhead o gyflawni'r cylch, fel petai, gan ymweld â'n hen ffrindiau yn Awstralia yn ystod yr haf hwn, yn fwy na thebyg am y tro olaf. Un sydd yn ymlynu wrth fy milltir sgwâr wyf i. Nid wyf yn deithwraig anturus wrth reddf. I'r gwrthwyneb, mae natur sylfaenol a seice neilltuol gwladychwyr y byd, a deimlai mor bell o'u mamwlad, wedi peri i'r Awstraliaid a'u tebyg fod yn deithwyr o fri. Felly, rydym wedi mwynhau gweld cyfeillion o Awstralia yma yn y Rhosan ar Wy yn gyson dros y blynyddoedd. Ar bob achlysur, rydym wedi addo o waelod calon y delom i'w gweld yn fuan. Ond, mae pethau mawr bywyd wedi ein rhwystro rhag mynd, dro ar ôl tro. Mae argyfyngau teuluol i'w hystyried, heb gyfrif y cyfyngiadau a achosir gan waith hunangyflogedig Martin. Felly, mae'r anhawster o neilltuo digon o amser ar gyfer taith gymaint â hon yn broblem go iawn.

Ar y cynnig cyntaf, fe'n hataliwyd gan salwch hir ac wedyn marwolaeth mam Martin. Y flwyddyn wedi hynny, ar ôl hiraethu am gael darn bach o dir yng Nghymru ers amser maith, prynom dŷ bychan yn Aberystwyth a theimlem y buasai hynny'n ddiwedd ar ein syniad o wyliau am flynyddoedd i ddod. Beth bynnag, ym mis Mehefin 2005, aethom i Gaerdydd er mwyn cael cinio gyda'n ffrindiau, Elisabeth a David Partridge, sydd yn ffermio yn Brunswick Junction, i'r de o Perth, Gorllewin Awstralia. Buont yn aros yn ne Cymru am un noson yn unig yn ystod eu gwibdaith drwy Brydain ac roedd yn bleser mawr eu gweld eto. Roedd fel petai'r blynyddoedd wedi hedfan, gyda'u *"gud dai Mââwee end Mââtn"* cyfarwydd, a threuliom noswaith hamddenol a hynaws yn eu cwmni. Roedd David yn union yr un fath ag erioed, yn dipyn o dderyn, a'r un mor ddoniol gyda'i iaith Strine amharchus ond, wrth fynd heibio, fe gyfaddefodd ei fod yn saith deg dau oed. Er ein bod ni'n dau yn iau o lawer, wrth gwrs, ac yn ddigon iach o hyd, profodd Martin a minnau hiraeth llethol am weld gweddill yr hen griw yn Awstralia cyn iddi fynd yn rhy hwyr. Penderfynom yn y fan a'r lle y byddem naill ai'n mynd yn ystod yr haf nesaf neu'n rhoi'r gorau am byth i'r freuddwyd a'r cywilydd am yr oedi! Ar y siwrnai adref, cytunom i beidio â mynd i'r Eisteddfod Genedlaethol y flwyddyn nesaf a hedfan i Awstralia am fis neu fwy yn lle hynny, doed a ddelo.

O'r dechrau'n deg, ac yn driw i'r patrwm, mae bywyd wedi gwthio yn ein herbyn. Yn ôl ein harfer, roeddem yn stiwardio yn Eisteddfod 'Gen' Eryri a'r Cylch ac yn mwynhau'r cyfleoedd i gwrdd â phobl newydd a hen ffrindiau o'r byd dysgu, sef grwpis yr Eisteddfod fel ninnau, yn ogystal ag ambell un o fawrion Cymru. Mae'n hawdd gwneud ffrindiau ar faes bach yr Eisteddfod, yn arbennig wrth sefyll yng nghytiau'r tai bach neu'r Babell Lên. Nid wyf am ymffrostio ond, yn rhinwedd fy swydd fel stiward, cefais gyfle i drafod safon siomedig y gwaith yn yr arddangosfa gelf gyda neb llai nag Iwan Bala, a oedd yn dipyn o her imi, ar fwy nag un lefel.

Cwrddais â'r Prifardd Emyr Lewis am y tro cyntaf yn Eisteddfod y Bala, ym 1997. Roedd ef a'i deulu yn aros ar yr un fferm â ninnau ac roedd e'n hynod o garedig wrth geisio cyfathrebu â dysgwraig angerddol fel fi a oedd yn mentro ar ei hantur gyntaf i fyd 'y pethe' yn yr Eisteddfod Genedlaethol. Ond ymhlith holl fwrlwm a sbri y Maes, synhwyrais, am ennyd yn unig, fod 'na wahaniaeth rhwng y Cymry Cymraeg a'r 'gweddill'; rhywbeth amgenach na'r ymryson traddodiadol chwareus rhwng yr Hwntws a'r Gogs. Ta beth am hynny, ni wyddem pwy oedd Emyr tan i ni weld llun ohono ar dudalen flaen y *Western Mail* y flwyddyn ganlynol, ar faes Eisteddfod Genedlaethol Pen-y-bont ar Ogwr 1998, ac yntau yn ei urddwisg wedi'i goroni! Byth er hynny, uchafbwynt yr Eisteddfod i raddau helaeth yw cael cyfle i gael sgwrs fach ag Emyr – rhyw 'adroddiad blynyddol', fel petai. Ar ddiwrnod olaf yr Eisteddfod yn 2005 dyma ni'n dod, yn sydyn, wyneb yn wyneb ag Emyr ac Alan Llwyd. Ar ôl ychydig o fân siarad, troes Emyr at Alan Llwyd a dweud wrtho heb fod yn nawddoglyd o gwbl (gobeithio): "Mae'r bobol yma'n rhyfeddol. Maen nhw wedi dysgu'r Gymraeg ac yn dod i'r Steddfod bob blwyddyn ers i ni gwrdd â'n gilydd ym 1997." Roedd Alan Llwyd mor eangfrydig ag Emyr – yn aelod o'r garfan sy'n barod i'ch derbyn, yn hytrach na'r rheiny sydd yn awyddus i'ch helpu ond sydd rywsut yn eich cadw hyd braich. Wrth gerdded oddi wrth y ddau, dywedodd Martin a minnau gydag un llais: "Damo! Bydd rhaid i ni fynd i Steddfod Abertawe nawr!"

Dyna'r cwtogiad cyntaf ar ein cynlluniau, ond nid oedd gennym amser i feddwl am Awstralia am fisoedd wrth i'r gwaith a'r teulu fynnu sylw eto. Yn drist iawn, chwalwyd priodas ein merch hynaf, Jane. Wedi cyfnod ymadfer hir yn dilyn llawdriniaeth frys, cyhoeddodd Gwen, ein merch ieuengaf, y byddai'n ailbriodi ar y penwythnos ar ôl yr Eisteddfod. Chwarae teg, roedden nhw wedi ystyried ein hobsesiwn eisteddfodol. Ar ben hynny, bydd ein nai, Daniel, yn priodi (am y tro cyntaf) ym mis Medi, ac yn y blaen. Felly, mae'r haf wedi'i grebachu braidd ond er gwaethaf hyn oll ac ar ôl dau ymgais aflwyddiannus, rydym yn benderfynol o hedfan i Awstralia o Heathrow ar 21 Awst 2006 am dair wythnos – croesi bysedd, yntefe?

Y Daith Gyntaf

Tachwedd 1963

YN DDIWEDDAR, AR WAELOD drôr oedd heb ei agor ers oesoedd, deuthum o hyd i ryw fath o ddyddiadur a ysgrifennais yn ystod ein taith gyntaf i Awstralia ym mis Tachwedd 1963. Mae'n amlwg imi ddefnyddio'r broses o ysgrifennu fel modd i dynnu sylw oddi ar fy ngofidiau di-rif. Doedden ni ddim wedi hedfan o'r blaen nac wedi bod dramor chwaith. Yn awr byddem yn hedfan i ochr arall y byd, heb adnabod neb yno, am gyfnod o ddwy flynedd i gychwyn. Doedd dim e-bost na ffonau symudol ar yr adeg honno, wrth gwrs, a'r telegram oedd y cyfrwng cyffredin i gysylltu â rhywun mewn argyfwng. Er ein bod yn bâr ifanc newydd briodi, teimlem braidd yn *avant-garde* wrth fentro mor bell, o ystyried nad oedd y term *gap year* wedi cael ei ddyfeisio bryd hynny.

Daeth fy mam, fy llystad a'm hanner chwaer iau Mary o'r Rhondda i gartref teulu Martin yn Henffordd i ddweud ffarwél. Dim ond dwywaith o'r blaen roedd y ddau deulu wedi treulio unrhyw amser yng nghwmni ei gilydd (gan gynnwys diwrnod trychinebus ein priodas – stori arall yw honno!). Mewn gwirionedd, roedd hi'n dipyn o straen. Er ein bod yn sôn am antur ddwy flynedd, roedd posibiliadau anhysbys yn hongian yn drwm yn yr awyr ond, yn unol â'r disgwyl, ni ddywedodd fy mam air wrthyf ynglŷn â'i theimladau hi.

Drannoeth, dyma gychwyn yn gynnar i Heathrow yn hen Morris 1000 Traveller mam Martin. Daeth teulu Martin i gyd gyda ni a gwnaeth hyn imi deimlo'n fwy nerfus byth, os oedd hynny'n bosib. A fyddwn yn eu gweld eto, tybed? Gwisgwn *ensemble* gwlân dulas smart a brynais (yn ogystal â bicini, a oedd braidd yn fentrus ar y pryd) yn siop bwtîg newydd Harriet Gethin-Lewis, un o griw ffasiynol Swydd Henffordd. Roedd y sgert yn blaen, fymryn yn uwch na'r pengliniau, wrth imi adael sgertiau mini o ddyddiau Coleg Celf yn y gorffennol, am byth. Roedd gan y top streipiau du, a gwisgwn rwymyn o'r un defnydd a eisteddai'n daclus o gwmpas fy ngwallt 'cwch gwenyn' lliw platinwm. Cwblhawyd y ddelwedd gan sgidiau sodlau pigfain duon. Ie, credwn fod golwg soffistigedig iawn, iawn arnaf. Ond dim ond delwedd arwynebol oedd hon yn y bôn, tra brwydrwn gyda'm teimladau o banig cynyddol. Fel y nodais mewn ysgrifen sigledig yn y pad papur bregus, 'Everyone behaved as normal'. Roedd hyn oll yn nodweddiadol o deulu hyderus, trefnus Martin, na fuasai byth yn creu stŵr na dangos eu teimladau. Roedd hynny'n hollol wahanol i

Gwallt cwch
gwenyn
platinwm
cyn mynd i
Awstralia, 1963

Martin a minnau, genhedlaeth yn ddiweddarach, pan oeddem yn ffarwelio â Gwen, ein merch ieuengaf, ac yn wylo'n hidl wrth iddi hi fentro ar ei phen ei hun ar yr un daith i Awstralia ym 1989.

Gyda Qantas, mewn Boeing 707, yr hedfanom y tro cyntaf – profiad go wahanol i'r ail dro ym 1990. Teimlem ychydig fel arloeswyr, gan mai teithio am chwe wythnos mewn llong oedd yn gyffredin yr adeg honno. Beth bynnag, roedd llywodraeth Awstralia yn awyddus i gael peirianwyr ifainc newydd yn eu swyddi cyn gynted â phosib. Neidiodd yr awyren yr holl ffordd hirfaith i Awstralia gan lanio yn Frankfurt, Rhufain, Cairo, Karachi, ym maes awyr rhyfeddol Dum Dum yn Calcutta (a oedd yn edrych fel set un o ddramâu Somerset Maugham), yn Bangkok, Singapore ac, o'r diwedd, Perth. Yn naturiol i hedfanwyr newydd, yr esgyn a'r disgyn oedd y profiadau gwaethaf. Roedd fy nodiadau'n llawn 'O!', 'A!', 'Diawl erioed', 'Myn uffern i', 'Beth oedd hynny?', 'Syniad pwy oedd hyn?' yn ogystal â 'Dal fy llaw i, Mart'. Gwnaethpwyd fy nerfau'n llawer gwaeth, os oedd hynny'n bosib, gan yr oedi hir yn Frankfurt, heb unrhyw esboniad o gwbl, ac wedyn gorfod aros yn annisgwyl dros nos yn Rhufain oherwydd bod rhaid i Qantas hedfan darn newydd i beiriant yr awyren o Lundain.

Achosodd yr oedi siom mawr inni yn nes ymlaen. Roedd fy mrawd hŷn, Glynne, yn y Llynges Frenhinol ar y pryd, ac roeddem wedi trefnu i gwrdd ag ef ym maes awyr Karachi. Drwy fy mhlentyndod a'm harddegau, Glynne oedd fy arwr mawr ac edrychwn ymlaen yn arw at ei weld. Nid oedd Glynne wedi medru dod i'n priodas, ac roeddwn yn awyddus iddo fy ngweld, wedi tyfu, wedi priodi. Nid y ferch fach boenus oedd yn rhy swil a chwithig i gerdded i lawr y stryd gyda hi oeddwn i bellach! Ond, roeddem tua deuddeg awr yn hwyr, heb unrhyw ffordd o wybod a oedd Glynne yno o hyd neu wedi trafferthu i fod yno o gwbl. Ar ben hynny, daeth heddlu arfog ar fwrdd yr awyren yn Karachi ac ni chawsom ganiatâd i adael yr awyren ta beth. Yn drist iawn, clywsom wedyn fod Glynne wedi aros amdanon ni.

Glynne fy mrawd,
wedi ymuno â'r
Llynges Frenhinol yn
18 oed, 1954

Yn ogystal â'r holl ebychiadau lliwgar a dal dwylo, y prydau bwyd a'r losin berwi wrth lanio, y prif bethau y soniais amdanynt yn fy nodiadau oedd lliwiau ac ansawdd syfrdanol yr awyr o'n cwmpas a'r tiroedd a'r moroedd oddi tanom. Yn ystod y daith hirfaith, gwelsom gymylau purwyn, rhai duon o bob math, pinc, porffor, melyn, a thir gwyrdd, glas, ac oren a brown tywyll yr anialwch yr oedd arno danau olew coch yn llosgi. Roedd y moroedd yn gymysgedd o ddulas, glaswyrdd, gwyrdd a glas tywyll, a phrofom fachludau a chodiadau haul anhygoel a bythgofiadwy o bob lliw. Mewn cyferbyniad llwyr, roedd ein golwg gyntaf ar aruthredd, gwacter, gwylltir a noethni llwydwyrdd Awstralia yn ddigon i godi ofn arnaf. Ond roedd yn rhy hwyr erbyn hynny, neu a fyddwn i y math o *pom* a fyddai'n dal yr awyren gyntaf adref?

Roedd y siwt wlân smart yn gamgymeriad! Roeddwn wedi sylwi ar ferch yn ymddangos yn gyson o'r toiledau drwy'r daith mewn dillad gwahanol. Dyna hi bellach yn barod i gyrraedd

Perth mewn ffrog liain wen, ffres a golwg arni fel petai newydd gamu dros stepen drws ei chartref. A dyna lle roeddwn i, yr un nad oedd yn awyddus i fynd i'r lle chwech o gwbl, rhag ofn i'r awyren syrthio! Wrth adael yr awyren, fe'm trawyd gan wres Perth a oedd yn gwasgu ar fy mhen ac yn fy llosgi fel pe bai rhes o danau trydanol mawr uwch fy mhen. Fe'm byddarwyd ar yr un pryd gan sŵn rhyfeddol y crics, y chwarddwyr glas (*kookaburras*) cras a'r ysgeintwyr dŵr. Felly, roeddwn i a Martin mewn cyflwr truenus, fel gweddill y peirianwyr sifil a'u teuluoedd a âi i weithio i Adran Priffyrdd Gorllewin Awstralia – wedi teithio ers dyddiau, heb lawer o gwsg, mewn awyren swnllyd ac yn teimlo'n annioddefol o boeth. Ond fe'n croesawyd ni gan wynebau croesawgar cynrychiolwyr yr Adran a ddaeth i'n hebrwng i'n lletyau dros dro. A thrwy ein blinder llethol, cawsom olwg ogoneddus ar ddinas Perth ar draws afon Swan am y tro cyntaf, a honno wedi'i gwisgo yn holl liwiau'r enfys.

Teimlem ein bod mewn byd arall ac, ar ben hynny, o fewn dyddiau, fe'n syfrdanwyd hyd at fêr ein hesgyrn pan ruthrodd Mrs Henderson, lletywraig y tŷ, i'n hystafell gan weiddi'n ddramatig drwy ei dagrau fod yr Arlywydd Kennedy wedi cael ei lofruddio. Ond, yn fuan, roeddem wedi ein swyno gan ein cynefin newydd, gan y ddinas brydferth a'r arfordir anhygoel. Ymhen dim o dro, roedd lliw croen Martin fel cneuen Ffrengig ac roedd yn edrych y rhan yn ei siorts teilwredig a'i sanau gwyn hir. Manteisiais ar y bicini newydd, a thorheulo ar y traethau gwyn ar dymheredd o tua 100°F heb feddwl o gwbl am effeithiau niweidiol yr haul. Mae'n ddiddorol cofio agwedd criw o ferched ifainc un diwrnod ar draeth enfawr, heb fwy na hanner dwsin o bobl eraill arno. Fel *mad dogs and Englishmen*, roeddem ar y traeth am hanner dydd yn dathlu ein Nadolig cyntaf yn Awstralia. Nid oedd y llong oedd yn cludo'n heiddo wedi cyrraedd o Brydain eto ac nid oedd siwt nofio gan fy ffrind *pommie* newydd, Janet. Roedd y gwres a'r môr wedi cael y gorau arni ac fe redodd i ganol ewyn y tonnau yn ei bra a'i phantis a hisiodd y merched ifainc yn gas arni wrth gerdded heibio. Diolch byth, mae agwedd pobl wedi newid erbyn hyn!

Yn sicr, ni welsom arwyddion y Swinging Sixties yn agweddau pobl Gorllewin Awstralia. Mewn gwirionedd, cawsom yr ymdeimlad o fod mewn rhyw gapsiwl amser, ar wahân i weddill y byd. Cofiaf achlysur arall pan oedd Martin yn helpu i redeg Beetle Drive yn neuadd Eglwys Sant Mathew, Subiaco. Heb feddwl, cododd hen glwtyn brwnt oddi ar y llawr er mwyn glanhau'r bwrdd du. Yn anffodus, baner Jac yr Undeb oedd y clwt carpiog. A barnu wrth yr olwg o arswyd ar wynebau'r gynulleidfa, y mwyafrif ohonynt yn fenywod canol oed, gellid meddwl mai llosgi'r fflag yn y fan a'r lle gyda hwrê fuddugoliaethus a wnaeth Martin druan!

Adlewyrchid steil trefedigaethol ym mhensaernïaeth y rhan fwyaf o'r tai – tai un llawr â ferandas llydain a sgriniau pryfed i bob drws a ffenest. Roedd ganddynt doeau enfawr ac weithiau, ar gyrion dinas ac mewn trefi gwledig, doeau tun. Ond o fewn wythnosau, heb ddeall sut i ymdopi â gwres eithafol Awstralia, roeddem wedi symud i fflat fodern ar lawr uchaf bloc Bennilong, de Perth – fflat a chanddi olygfa wych o'r ddinas ar draws y Narrows Bridge. Doedden ni ddim yn deall pam roedd pawb yn cadw'u llenni ar gau rhag yr haul bendigedig. Erbyn hynny, roeddem wedi prynu car Holden; wedi mynd ar drip hela cangarŵod am hanner nos gyda'r dyn ifanc a werthodd y car inni; wedi cael ein hachub rhag dulliau perswâd amheus y Mormoniaid; ac wedi cwrdd â'n cyfeillion oes Mal (Marilyn) a Frank Lincoln.

* * * * * *

Ni ddaeth dim o'm huchelgais o gerdded yn syth i swydd gyffrous mewn asiantaeth hysbysebu neu debyg. Fe'm dadrithiwyd o'r dechrau. Yn ôl y sôn, roeddwn yn un o'r cannoedd a basiai drwy Perth bob blwyddyn, a chawsai'r asiantaethau ddewis eang o arlunwyr masnachol profiadol o bedwar ban byd. Dysgu amdani, felly, a theimlwn yn ddigon hyderus wrth fynd i gwrdd â Chyfarwyddwr Addysg Perth ar ôl cael telegram oddi wrtho. Nid felly y bu. Roedd ef am drafod ei hen deulu yn Llundain a thybiodd, *"Perhêps ya know 'em."* O'r diwedd, cyfaddefodd mai peidio â chyflogi menywod priod, ac eithrio mewn argyfwng, oedd polisi'r llywodraeth. Yn gwrtais, gwrthodais ei unig gynnig o swydd, a oedd gannoedd o filltiroedd i ffwrdd yng ngwylltir Tiriogaeth y Gogledd.

Babis

Beth nesa, 'te? Codwyd fy nghalon un bore gan wahoddiad i de oddi wrth Mal Lincoln, merch ifanc bert a oedd yn byw mewn fflat ar y llawr isaf. Roeddem wedi cyfnewid ambell "Hi!" cyn hynny. Yn ei llais meddal, hamddenol awgrymodd y gallai hyn fod yn gyfle i gwrdd â'r merched eraill gan ychwanegu, *"Bring a plaite"*. Wel, pendronais yn arw dros broblem y plât. Doedd bosib nad oedd gan Mal druan ddigon o blatiau. Daeth y dydd, a chwrddais â chriw cyfeillgar Mal. Un ohonynt oedd Francis, merch o Ogledd Iwerddon, a chanddi'r un gwallt du, cyrliog a'r un llygaid gwyrdd â Mal. Roedd Francis a'i gŵr Bill wedi bod yn Perth ers rhyw flwyddyn erbyn hynny, ac fel Mal a Frank, daethant yn ffrindiau oes inni. Dysgais ddau beth ar y diwrnod tyngedfennol hwnnw. Yn gyntaf, rhywbeth i chi fynd gyda chi yw *plaite* ac arno passion fruit pavlova neu rywbeth yr un mor ddanteithiol, ac yn ail, realiti un o ddelweddau amlycaf Awstralia yn yr adeg honno, sef *barefoot and pregnant*. Roedd gan Mal a Francis fabi bach yr un ac roedd gan weddill y merched fabi neu chwydd o feintiau amrywiol yn gwthio drwy eu ffrogiau cotwm llac. Weithiau, meddyliaf iddo fod yn gynllwyn gan y llywodraeth, neu ryw fath o system wobrwyo i gyflwyno ffrind i'r cysyniad o '... byddwch ffrwythlon ac amlhewch' (Genesis 1:28*)*! Yn fuan wedyn, benthycodd Mal a Frank, a oedd yn Gatholigion ffyddlon, lyfr inni – *The Rhythm Method*. Pa mor naïf gallai menyw soffistigedig fel fi fod? O ie! Dyna ddechrau gwirioneddol ar lwybr hir bywyd a dechrau dysgu rhywbeth amdanaf fi fy hunan. Dechreuais deimlo'n sâl ofnadwy ar yr un pryd ag y dechreuais ddysgu Celf mewn ysgol breifat, St

Hilda's School for Girls, gan roi'r bai am y salwch ar y tywydd eithriadol o boeth yn hytrach nag ar lyfr Mal a Frank. Roedd fy meddyg newydd, Dr Irwin, wrth ei fodd yn esbonio wrthyf, dan chwerthin, o ble mae babis yn dod. Ymhen amser, rhoddais y gorau i'r swydd a dysgais god iaith am "I'm pregnant", sef "Do you think I could borrow the pregnancy swimsuit, Mal?" Fel mae'n digwydd, yn gyfleus, gwnaeth Mal, Francis a minnau ddefnydd parhaol o'r siwt nofio arwyddocaol honno yn ein tro, yn ogystal â ffrog feichiogrwydd streipiog hyfryd Francis.

A dweud y gwir, Awstralia oedd y lle delfrydol i gael babis. O'i gymharu â'r profiad a gefais o ymweld â hen ysbytai dychrynllyd Prydeinig y dydd, roedd y drefn feddygol yn wych. Ar ben hyn, roedd agweddau at blant a bywyd teuluol cymdeithasol mor hamddenol ac anffurfiol yn Awstralia. Ond er gwaethaf cyfeillgarwch ffrindiau da, roeddwn yn ymwybodol fod gan Mal a Frank deuluoedd o'u cwmpas, a'u bywydau llawn eu hunain. Symudodd Francis a Bill i dref fach wledig ac yn aml iawn buasent yn sôn am eu bwriad i ddychwelyd i Brydain ar ôl ennill eu ffortiwn, ac am chwaer Francis a oedd yn byw yn Sydney ond heb setlo ar ôl ugain mlynedd. Roedd Martin wedi addasu i fywyd Awstralia yn gyfan gwbl ond, gyda'r ail feichiogrwydd yn arbennig, a diwedd y ddwy flynedd yn cyflym nesáu, roeddwn i'n dechrau drysu, yn teimlo'n unig, ac yn hiraethu am fam-guod fy mabis. Pa mor wirion oedd hynny? Doeddwn i erioed wedi cyd-dynnu â'm mam a doedd ymateb mam Martin i'r newyddion y byddai hi'n fam-gu ddim yr hyn a ddisgwyliasom chwaith. Ond er siom mawr i'n meddyg, Dr Irwin, a oedd yn edifaru'n arw colli dau blentyn iach Awstralaidd, dechreuasom baratoi i ddychwelyd i Brydain. Ta beth, wrth i'r llong adael Fremantle ym mis Mai 1966, gyda'n ffrindiau i gyd yn chwifio'u dwylo ar y cei, roedd gennym amheuon blinderus ynglŷn â'n penderfyniad.

Tinghie, Alis a Kay

Allwn i ddim gadael fy atgofion cyntaf o lannau Perth heb
sôn am Tinghie. Dyn rhyfeddol oedd Tinghie a chwaraeodd
ran ganolog a dylanwadol yn ein bywydau yn ystod ein
harhosiad cyntaf yn Awstralia ac ers hynny, mewn gwirionedd.
Doedden ni ddim wedi bwriadu cysylltu ag unrhyw un o gwbl
ar y rhestrau o berthnasau a ffrindiau a gawsom oddi wrth
ambell ddymunwr da cyn gadael Prydain ym 1963. Roedden
ni'n benderfynol o dorri ein cwys ein hunain ar draws gwylltir
Awstralia. Beth bynnag, trois i'n ddigon clou at y rhestrau
pan gyfaddefais wrth fy hun un diwrnod arwyddocaol mai'r
unig reswm am beidio â chael fy medyddio yn Formon oedd
fy anfodlonrwydd i ymddangos yng ngŵydd pawb gyda
gwallt gwlyb. Cofiwch am y gwallt cwch gwenyn platinwm!
Yn gynnar un bore Sadwrn, ffoniodd Martin ddyn o'r enw
Tinghie, enw mabwysiedig Maleisaidd y Parchedig Walter
Churchill o Eglwys Sant Mathew, un o'r enwau ar ein rhestr
hir. Esboniodd Martin yn fras pwy oedden ni, a'r ffaith i ni gael
helyntion gyda'r Mormoniaid. Fe'n gwahoddwyd i goffi un
bore, lle y cwrddon ni â Kay, cyfnither mam Martin, yn ogystal
ag Alis (*mad Alis* yn ôl ein cyfaill, David), gwraig Tinghie.
Gwyddem yn barod fod Kay yn rhyw fath o wraig cadw tŷ i
Tinghie. Roedd yn hollol glir pam oedd angen help arno ar ôl
inni gwrdd ag Alis, a oedd naill ai'n hollol wallgof neu'n hollol
ecsentrig. Yn ôl pob sôn, roedd Kay a'i chwaer Sally a'u plant
ifainc i gyd yn byw gyda theulu Tinghie ar ôl iddynt ddianc ar
y llong olaf oll allan o Singapore ym 1941. Roedd hi'n anodd
dychmygu adfyd eu sefyllfa wrth ffoi o'u bywydau breintiedig
fel gwragedd tyfwyr te ym Maleisia a chyrraedd rhyw dref
wladaidd yng ngwylltir Awstralia, heb wybod dim am ffawd eu
gwŷr. Mae'n debyg i Kay a'i phlant aros yn nhŷ Tinghie wedi i
Sally sefydlu ei chartref ei hun gerllaw. Yn fwy diddorol, pan
adunwyd Sally â'i gŵr ar ôl iddo gael ei ryddhau o garchar
Changi ar ddiwedd y rhyfel, arhosodd Kay yn y ficerdy yn lle
ymuno â'i gŵr.

A dyna Kay, menyw geinwych, bert na ddywedai ddim am ei bywyd personol hi ei hun. Roedd yn debyg iddi fod yn hapus yn gofalu am eraill ac yn rhoi trefn ar fywyd prysur, rhyfeddol y ficerdy. Roedd yn braf iawn bod yn rhan ohono am gyfnod.

Beth bynnag, ar y bore tyngedfennol hwnnw ym 1963 yn ficerdy cysurus Subiaco, roedd gwewyr meddwl ein sefyllfa gyda'r Mormoniaid yn pwyso'n drwm arnon ni. Ond, yn rhyfeddol, ni wnaeth neb unrhyw gyfeiriad at Formoniaid o gwbl, nac unrhyw agwedd arall ar grefydd yn gyffredinol, o ran hynny. Treuliasom ddiwrnod cyfan yn eu cwmni swynol, braf. Roedd hyd yn oed Alis druan yn ddifyr yn ei hodrwydd, tra oedd Kay mor garedig, mor dyner a boneddigaidd, ac yn gwenu'n agored drwy'r amser. Yn eironig, roedd hi'n ymgorfforiad pur o wraig ficer berffaith. Yn ôl ei enw mabwysiedig Maleisaidd, roedd Tinghie yn 'ddyn tal', trawiadol, cynnil ei eiriau. Yn debyg i Kay, roedd gwên chwareus ar ei wyneb o hyd. Aeth Tinghie â ni am dro yn ei gar ar hyd yr arfordir ar ôl cinio, ac wedi te prynhawn traddodiadol yn ôl yn y ficerdy, gofynnodd yn dawel,

"Sut 'dych chi erbyn hyn?"

Am funud, ni wyddem beth oedd e'n ei feddwl. Ond ychwanegodd,

"Pan gyrhaeddoch chi'r bore 'ma, roeddech chi'n emosiynol feddw. Felly, ewch o 'ma a phenderfynu beth i'w wneud."

Diolch byth, nid oedd rhaid penderfynu mwyach. Teimlem yn rhydd – o leiaf rhag gafael cryf y Mormoniaid. Diddorol cofio, un tro, i Martin ddarllen darn i mi allan o lyfr wedi'i fenthyg oddi wrth Bill. Pan ofynnodd Martin imi beth oedd testun y llyfr, ymatebais yn bendant, heb feddwl ddwywaith, "Y Mormoniaid". Fel mae'n digwydd, testun y llyfr oedd dulliau arbennig a ddefnyddid i dorri meddwl ac ysbryd carcharorion yn ystod Rhyfel Corea, sef *Battle for the Mind*, gan William Sargant. Llyfr arwyddocaol arall.

Dyn carismatig oedd Tinghie. Yn ystod ein harhosiad cyntaf yn Awstralia, ni welais mohono erioed heb ei goler gron a'i gasog hir, ddu, ddramatig. Cadwai ei hun ar wahân, rywsut.

Yn sicr, roedd yn ffigwr dylanwadol iawn, iawn arnon ni, yn ogystal â bod yn wir gefn inni. Wrth ddarganfod fy mod yn feichiog am y tro cyntaf, roeddwn yn crefu am ardd i'r pram (yn ogystal â thomatos tun!). Ymhen amser, cafodd Tinghie hyd i dŷ ar rent inni yn ei blwyf. Roedden ni'n aelodau hapus a ffyddlon o'i eglwys erbyn hynny ac yn nes ymlaen daeth Kay yn fam fedydd i'n babi newydd, Jane. Gwyn ein byd ni gyda'n rhieni dirprwyol a'n cyfeillion o fewn cyrraedd hawdd, nes inni orfod symud tŷ – tŷ roedd Tinghie eto wedi dod o hyd iddo.

Rwyf yn casáu llygod ac roedd y tŷ'n heidio ohonyn nhw, yn anffodus. Gallwn bron â goddef y *possums* yn y to, ond roedd arnaf ofn y llygod yn y gegin trwy 'nghalon. Er mawr cywilydd, ar ôl galwad ffôn bathetig oddi wrtha i, aeth Tinghie â mi, a Jane a'i holl drugareddau hithau, i'r ficerdy gan na allwn fynd i'r gegin i fwydo'r babi. Daeth pethau i'r pen un prynhawn pan ddeuthum o hyd i faw llygod o dan glustogau'r soffa yn y lolfa, fy unig loches saff yn y tŷ. Drannoeth, trefnodd Martin inni symud i dŷ hyfryd, modern, ychydig y tu allan i'r plwyf, a syrthiodd dicter Tinghie, a holl ddigofaint Duw ar ein pennau. Doedd hi ddim yn fwriad gennym adael y plwyf fel y cyfryw, wrth gwrs, ond roedd pregeth danbaid Tinghie y Sul canlynol yn gas a chreulon. Ni chofiaf fanylion ei araith lem, angerddol, ond fe'n trawyd gan ei wylltineb a'i siom a anelodd, heb amheuaeth, yn uniongyrchol aton ni'n dau. Edrychai i fyw ein llygaid ac roedd yn amlwg nad oedd maddeuant neu gymod i'w gael ganddo. Dywedai Tinghie ei hun yn aml, "Nid y dyn yw'r eglwys" ac, yn y bôn, dim ond dyn cyffredin ydoedd fel ni i gyd, wedi'i frifo yn hollol anfwriadol gennym. Teimlem yn ddryslyd ac yn hiraethus am Tinghie ond sylweddolem fod angen Tinghie i lywodraethu ar fywydau ei 'ddirprwy blant' gwrthryfelgar, er ei dynerwch a'i oddefiant ymddangosiadol.

Diolch byth, arhosodd Kay'n ffyddlon i ni i gyd ond er i Tinghie yrru Kay i'r ysbyty i ymweld â mi pan gafodd Gwen ei geni, ni ddywedodd ef yr un gair wrtha i. Roedd e gyda Kay eto ar gei Fremantle pan adawon ni lannau Awstralia a mynd yn ôl i Brydain ym 1966 gyda'n dwy ferch fach ac Ann, merch Kay.

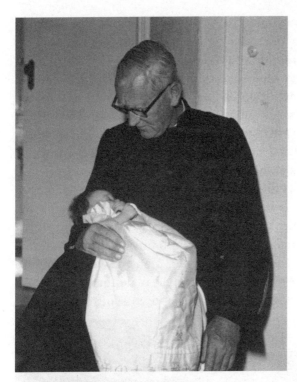

Tinghie a Jane,
parti bedydd,
1964

Ein tŷ ni yn Subiaco, 1965

Yn ara deg, cyfannwyd y rhwyg rhyngom gan dreigl y blynyddoedd ac mae gennyf ambell lythyr oddi wrtho i'w drysori. Cefais freuddwyd ryfedd amdano yn y 1970au cynnar. Breuddwydiais fy mod wedi deffro a gweld Tinghie'n eistedd yng nghornel ein hystafell wely, a'i wên dawel arferol yn chwarae yn ei lygaid ac ar ei wefusau. Yn syml, esboniodd gyfrinach bywyd imi mewn modd nad oedd posib ei chamddeall – rhywbeth ynglŷn â sut mae bugail da yn arwain ei eifr. Felly, gan fy mod mor sicr fod Tinghie yno ac mor eglur oedd ei neges, fe benderfynais beidio â tharfu ar gwsg Martin ac y datgelwn y weledigaeth syfrdanol iddo yn y bore. Camgymeriad arall. Ni allwn gofio ai o'r blaen neu o'r cefn yr arweinia bugail da ei eifr. Beth bynnag, gydag ychydig o ansicrwydd, o ystyried safle eglwysig traddodiadol Tinghie, mentrais ysgrifennu ato a gofyn a oedd e'n cyd-fynd â'r syniad o 'deithio trwy amser' neu 'brofiadau allan o'r corff'. Atebodd yn syml, "Os gwelaist

Gwen, wythnos oed, yn Nedlands, Perth, Chwefror 1966

ti fi, roeddwn i yno." Rwyf yn fodlon ar hynny a'r ffaith fod y cysylltiad rhyngddo fe, Martin a minnau yn parhau o hyd, yn y ffordd sy'n cyfrif.

O'r dechrau'n deg, roedd Alis yn gymeriad hynod, rhyfeddol. Hyd yn oed bryd hynny, ym 1963, roedd golwg menyw canmlwydd oed arni, neu o leiaf golwg menyw a ddylai fod wedi byw gan mlynedd yn ôl. Roedd golwg y 1930au arni yn ei ffrogiau blodeuog, wedi colli eu lliw, a'i het wellt – yn debyg ddigon i ambell fenyw arall yn y plwyf, rhaid cyfaddef. Ni fyddai'n ymddangos o'i hystafell ond i fynd i'r eglwys ar ei beic mawr hen ffasiwn, neu adeg bwyta. Ni chlywson ni'r un gair ganddi erioed, er y buasai'n fflachio ei dannedd gosod melyn wrth wenu o glust i glust. Ar ddiwedd pob pryd, buasai'n lapio darnau o fwyd yn ei hances a diflannu'n ôl i'w hystafell. Cefais gipolwg ar ei hystafell unwaith wrth ei galw i swper, ac roedd yn llawn dop o'i chasgliadau amrywiol – pentyrrau o hen gylchgronau, hen ddillad, a Duw a ŵyr beth arall. Dro arall, cerddais i mewn i'r ystafell ymolchi a gweld Alis yn eistedd ar ochr y bath yn gwneud pi-pi, gan wenu, wrth gwrs. Roedd y toiled y tu allan ar y feranda bryd hynny. Y peth mwyaf rhyfeddol amdani, efallai, oedd y ffordd nad oedd neb yn cymryd unrhyw sylw o'i hymddygiad idiosyncratig, hynod.

* * * * * *

Ar ôl taith hunllefus ar long Eidalaidd, cyrhaeddom Southampton ym mis Mai haf hir, poeth 1966. Wrth yrru i Swydd Henffordd, fe'n syfrdanwyd y tro hwnnw gan wyrddni cefn gwlad Lloegr gyda'i bentrefi gwasgaredig rhyfeddol o dai du a gwyn. Cawsom fwynhau cyfnod o fis mêl ym mynwes ein teuluoedd cyn symud i'r Rhosan ar Wy am gyfnod. Erbyn 1968, roedden ni wrthi'n adnewyddu hen ffermdy diarffordd yng nghefn gwlad Swydd Henffordd. Yr oedd Kilbreece yn wir gartref inni, lle tyfodd y plant, yn ogystal â bod yn lloches ysbrydol imi. Yn anffodus, neu o bosib yn ffodus, daeth fy argyfwng canol oed braidd yn gynnar. Yn niogelwch ac awyrgylch iachaol Kilbreece, ymgodymwn am amser hir â chwestiynau mawr fel ystyr bywyd a phwy a beth oeddwn i, ynghyd ag iselder gwaelodol go ddifrifol. Tua diwedd cystudd olaf yr amser enbyd ond rhyddhaol hwnnw daeth cnoc ar y drws ffrynt un bore Sadwrn. Roedd Martin a minnau yng nghanol sgwrs ddwys o gwmpas bwrdd y gegin ar y pryd ac oherwydd bod allwedd fawr haearn y drws ffrynt wedi hen ddiflannu, rhedais i lawr y coridor gan weiddi'n flin, "Ewch rownd, ewch rownd!" Ond erbyn i mi fynd hanner ffordd yn ôl i'r drws cefn, sylweddolais pwy oedd biau'r wyneb a welais trwy ffenest fach sgwâr y drws. Heb goelio fy llygaid, gwaeddais eto nerth fy mhen, "Frank sy 'ma, Martin. Frank sy 'ma, Martin!" Wrth imi agor y drws cefn led y pen, dyna lle roedd Frank, Mal a rhes o blant – wel, dim ond pedwar ohonynt ar yr adeg honno.

Pan gwrddon ni â Frank ym 1963, roedd yn ŵr tawedog ond fel ei wraig Mal roedd yn hynod o gyfeillgar ac yn agored i ni'r *poms* newydd. Credaf inni wybod ei fod yn gweithio yn y brifysgol ond ni wyddem yn iawn beth a wnâi yno. Roedd babis, *barbies* a *beers* yn destun siarad arferol yn y dyddiau hynny. Gallai Frank fod wedi bod yn borthor efallai, gyda'i fol cwrw o ganlyniad i'w hoffter o Swan Lager a'i ddiddordeb mawr mewn *footie*. Ond yn awr, roedd yr holl deulu wedi ymsefydlu yn Rhydychen am flwyddyn, lle roedd Frank yn treulio blwyddyn sabothol academaidd, heb ddweud gair wrthon ni am eu cynlluniau o gwbl. Llwyddasant i ddod o hyd inni yn Kilbreece, lle roedd ambell un digon lleol wedi methu. Heidiodd y plant i mewn, dan gyfarwyddyd Jane a Gwen ein merched ni, gan gario bag bach yr un, a diflannu i ryw gornel yn y tŷ. Gadawyd ni'r oedolion i siarad a siarad drwy'r penwythnos. Wrth gymharu profiadau am droeon bywyd, cefais gysur mawr wrth sylweddoli bod pawb yn profi'r un math o heriau a phroblemau yn ei dro a bod ein hymateb iddynt yn debyg. Dyna Mal, fy nelwedd o famolrwydd perffaith, yn dweud, "O Mow, you were so cool and sophisticated and I felt such a frump." Fi? Ond, yn y bôn, roedd Mal a minnau wedi mynd i'r afael â'r un hunanholi a'r un chwilio am hunaniaeth bersonol tra brwydrai ein gwŷr yn y byd mawr, yn ogystal â cheisio dygymod â'u gwragedd cymhleth! Dros y blynyddoedd ers hynny, mae Mal a minnau wrth ein bodd yn achub ar unrhyw gyfle i drafod 'pethau mawr bywyd', tra bod llawer gwell gan Frank eistedd a gwrando o hyd. Yn sicr, wrth edrych yn ôl, dyna'r syrpréis gorau a'r un mwyaf llesol yn ein bywydau. Nid niwrotig llwyr oeddwn i, felly.

Cadarnhawyd gwreiddiau dyfnion ein cyfeillgarwch arbennig gyda'n hail deulu o ochr arall y byd gan yr ymweliad arwyddocaol hwnnw. Yn gysur inni hefyd roedd y ffaith na allai Mal a Frank ddeall sut yn y byd y gadawsom wlad mor brydferth a hanesyddol â Phrydain i fynd i Awstralia yn y lle cyntaf. Yn sicr, profodd Mal a Frank i fod yn foddion llawer mwy effeithiol na Librium. Gwelsom Mal, Frank a'r plant sawl gwaith yn ystod 1972 wrth iddynt fentro'n aml i weld cymaint o Brydain â phosib, yn cynnwys taith i hel achau Mal yn Iwerddon. Fe'u gwelsom sawl gwaith wedi hynny wrth i Frank deithio'n gyson, ar ei ben ei hun neu gyda Mal, i Brydain ac i Ewrop er mwyn mynychu cynadleddau. Rywsut neu'i gilydd, buasai'n galw i'n gweld yn Swydd Henffordd. Unwaith, aethom i Lundain o Henffordd am ginio sydyn gyda Frank a Cathy, ei ferch hynaf. Roedd Cathy yn ddisgybl-feddyg yng Nghaergrawnt ar y pryd a manteisiodd Frank ar y cyfle i'n gweld ni i gyd yn ystod yr unig brynhawn a oedd ganddo *en route* i'r Almaen.

Yr Ail Daith

Ebrill 1990

YN ÔL YR ARFER, fel pob un o'n penderfyniadau mawr ni, roedd yn benderfyniad sydyn i fynd i Awstralia am yr ail dro ym mis Ebrill 1990. Dim ond yn gymharol ddiweddar roedd Martin wedi sefydlu swyddfa newydd, a chyda dyfodiad ei gynorthwywr ifanc, a'r ysgogiad anorchfygol fod Gwen wedi mynd i Awstralia am gyfnod amhenodol, penderfynon ni roi stop ar yr holl addewidion, a mynd. Ni chofiaf lawer am y daith yno, heblaw am wisgo tracsiwt M&S a *trainers* y tro hwnnw a'r ffaith i ni hedfan gyda chwmni Singapore Airlines gyda'i stiwardesau awyr hynod o hardd. Ond roedd pedair blynedd ar hugain ers inni fod ar lannau Awstralia ac roedden ni wedi anghofio'n llwyr am ryfeddod y golau a'i phalet o liwiau unigryw, sydd mor wahanol i rai Prydain.

Ar ben hynny, teimlwn fy mod ym mlodau fy nyddiau, yn ddibryder, ac roedden ni ill dau'n awyddus i achub ar y cyfle i weld hen ffrindiau eto. Edrychem ymlaen at fynd â Gwen ar hyd hen lwybrau'n gorffennol yn ogystal â mentro i'w hoff lefydd newydd hi. Buom yn aros mewn tŷ a rannai Gwen â thair merch gyfeillgar a chroesawgar a enwyd gan ein ffrind, David, yn ei ffordd nodweddiadol o fras, "Tha Hillway târts". Ar ôl ychydig o ddyddiau o grwydro'n hamddenol o gwmpas yr ardal a chwrdd â Gwen o'i gwaith yn y brifysgol, dechreuais gael fy siomi gan nad oedd ein ffrindiau annwyl yn rhuthro i gysylltu â ni. A dechreuai Gwen fy nhrin fel twpsen ddi-glem bob tro i mi awgrymu y dylwn godi'r ffôn ar ein ffrindiau gan ddweud yn ei dull Awstralaidd newydd o siarad, "Na! Paid â phoeni, fe wna i yn y man." Wedi'r cwbl, roedd Gwen yn aelod swyddogol o'r teulu Lincoln erbyn hyn, gan fynd i gael pryd o fwyd yno bob nos Iau gyda gweddill epilion Mal a Frank. Roeddem ar fin mynnu y dylem fod yn hollol annibynnol a mynd i ffwrdd dros y Sul pan gyhoeddodd Gwen inni gael ein gwahodd gan Mal a Frank i swper ysgafn nos Wener. Wel! Diolch yn fawr, meddyliais, wrth geisio cyfiawnhau eu hymateb difater i'n dyfodiad hirddisgwyliedig!

Felly, ar ôl diwrnod braf yn archwilio'r arfordir i'r de o Perth, a chysgu am gwpwl o oriau ar ryw draeth prydferth, gwag, cyrhaeddom gartref y Lincolns. Nid oedd siw na miw i'w glywed o dywyllwch y tŷ ac, yn ôl ei harfer, fel un o'r teulu, agorodd Gwen y drws ffrynt ac i mewn â ni. Yn sydyn, goleuwyd yr ystafell, a oedd dan ei sang o bobol, ond parhaodd rhyw ddistawrwydd llethol a deimlai fel oriau yn hytrach nag eiliadau. Yn fy mhanig pur, roeddwn i'n adnabod neb ymhlith y pennau llwyd tan imi ddod at fy nghoed a chlywed llais clir cyfarwydd David Partridge o Brunswick Junction yn dweud, *"Stown tha crows Mââtn, what hev yew dun ta tha womun?"* Nid oedd fy llosg haul cyn goched â'm hwyneb oddi tano!

Roedd yn anghredadwy sut y llwyddodd Mal a Frank i hel cymaint o bobol o dan un to, o ystyried bod nifer ohonynt yn ddieithriaid llwyr i'w gilydd. Ar y funud honno, roedd yn anhygoel credu ein bod ni wedi'u hadnabod nhw i gyd chwaith. Ond ymhen dim o dro, roeddem wedi rhyfeddu at haelioni pobl a oedd wedi teithio o bell ac agos i fod yn rhan o'r achlysur 'unwaith mewn bywyd' hwn inni. Hedfanodd Francis a Bill o Sydney am barti! Cawsom ein gwefreiddio gan gyfeillgarwch pawb, rhai ohonynt heb ein gweld ers blynyddoedd maith. Fe wnaeth i ni sylweddoli unwaith eto pa mor hynod yw ein cysylltiad cadarn â'r tir a'i bobol ar ochr arall y byd. Yn ystod y mis canlynol, rhaid oedd manteisio ar y gwahoddiadau lu a gawson ni'r noson honno.

Treuliodd Martin, minnau a Gwen ddiwrnod cyfan gyda Sheena a Geoff yn eu cartref hyfryd yn Darlington. Mae Darlington yn ardal brydferth yn y bryniau ar gyrion Perth ac roedd Sheena'n awyddus i ddangos i ni'r holl newidiadau a'r gwelliannau i'r tŷ a'r ardd naturiol wyllt ers ein hymweliadau niferus rhwng 1963 a 1966, yn ogystal â chlywed hanes manwl eu pedwar o blant. Mae'n rhaid imi gyfaddef, er mor rhyfeddol oedd lliwiau a llawnder eu gardd, y teimlwn yn nerfus iawn wrth gerdded drwy'r tyfiant yn fy fflip-fflopiau ysgafn – yn ogystal â llygod, mae arnaf ofn nadroedd hefyd! Yn y prynhawn, aethom i ymweld â Sally, mam Sheena ac Elisabeth, gwraig David. Yn anffodus, gweddw oedd Sally erbyn hynny. Ni chwrddon ni â hi yn ystod 1963–1966 oherwydd ei bod hi a'i gŵr, Alastair Mackay Dick, yn ôl yn yr Alban yn ceisio ymddeol. Fel nifer o rai eraill, caent hi'n anodd ymsefydlu mewn unrhyw le am gyfnod hir ar ôl eu profiadau yn ystod y rhyfel ac, yn y diwedd, dychwelyd i Awstralia oedd eu hanes, er mwyn bod yn agos at eu merched a'u hwyrion. Ond y rheswm dros sôn am Sally yn awr yw'r sioc ysgytwol a gawson ni wrth weld Sally wrth ei drws ffrynt a phrofi pŵer geneteg. O ran pryd a gwedd, roedd Martin yr un ffunud â Sally, yn llawer iawn mwy tebyg i Sally na'i fam ei hun, mewn gwirionedd. Teimlem ddolennau teuluol dros amser a thros bellter maith.

Wrth yrru gyda Gwen drwy ein hen gynefin o gwmpas dinas Perth, roedd yn amhosib peidio â gweld eisiau rhai ffrindiau pwysig eraill, megis Tinghie, Alis a Kay. Daeth Kay a'i merch, Ann, i ymweld â ni yn y Rhosan ar Wy yn ystod ei thaith olaf i Brydain ym 1988. Yn anffodus, bu hi farw o fewn blwyddyn, tua deunaw mis ar ôl i Tinghie farw. Clywsom ychydig mwy am stori ryfeddol pobol ficerdy Sant Mathew Subiaco yn ystod ein hail ymweliad â Perth gan David ac Elisabeth, ac roedd mwy hyd yn oed i ddod y trydydd tro.

* * * * * *

Er y dechrau araf, cawsom hwyl aruthrol yn ystod ein hail daith i Perth ym 1990. Fe wnaethon ni ymweld â phawb bron o'n cydnabod adeg 1963–66 ac roedd yn ddiddorol clywed hynt a helynt eu bywydau ers hynny. Roedd yn ddiddorol ond braidd yn drist hefyd i Martin gymharu ei brofiad â phrofiad

John Foster, un o'r peirianwyr ifainc eraill a aeth i weithio i Adran Priffyrdd Gorllewin Awstralia ym 1963. Yn wahanol i Martin, a gweddill y criw yn ôl y sôn, dewisodd John aros gyda'r Adran. Ond swniai'n lled chwerw wrth awgrymu bod yr Adran wedi ochri â brodorion cynhenid y wlad o ran cynnig dyrchafiad.

Un o'r pethau mwyaf pleserus inni oedd hapusrwydd amlwg Gwen. Welson ni mohoni erioed cyn hynny mor rhydd a hamddenol. Ar ôl gweithio am bythefnos mewn caffi ar draeth Cottesloe, cafodd swydd dda yn y brifysgol o fewn pellter cerdded o'i chartref. Ar ben hynny, roedd ganddi ffrindiau newydd ac ail deulu cefnogol yn yr un modd ag yr oedd ganddon ni, flynyddoedd ynghynt. Manteisiai ar bob cyfle a gâi i deithio a chwrdd â phobol newydd ac roedd wrth ei bodd yn dangos inni ei hoff lefydd, o gaffis cosmopolitaidd Fremantle i'r traethau anhygoel di-rif a gwylltir diarffordd y mewndiroedd. Mae gennyf syniad fod gan bob un ei ddarn neilltuol o dir. Yn wahanol i'n merch Jane, sydd â'i thraed yn gadarn yn nhir Swydd Henffordd – man geni ei thad – Awstralia, yn sicr, yw lle Gwen. Wrth inni ymhyfrydu ym mhrydferthwch a lliwiau unigryw tirwedd Awstralia, dechreuais ffantasïo am Gwen yn bwrw gwreiddiau o'r newydd yn Perth, dinas ei geni. Buasai'n dda cael esgus i dreulio misoedd ar y tro yno gyda hi, yn lle ychydig wythnosau bob rhyw ugain mlynedd. Wrth i'r rhod droi, nid felly y bu, ond stori arall yw honno!

Elisabeth a David

Nid oedd modd i ni fod yn Awstralia heb ymweld ag Elisabeth a David eto ar eu fferm laeth yn Brunswick Junction, gan cilomedr i'r de o Perth. Ymwelsom â nhw sawl gwaith rhwng 1963 a 1966 a chofiaf pa mor swil oeddwn y tro cyntaf inni fynd yno yn fuan ar ôl cyrraedd Awstralia. Rhaid i mi gyfaddef bod David yn codi ofn arnaf, gyda'i agweddau *macho* a'i iaith Strine, er mai dim ond tynnu coes roedd e. Mynnodd, wrth iddo geisio tawelu fy meddwl, nad oedd y nadroedd yn broblem: *"Jeez Mâwee, eets tha blâdi little spiders yews hef ta look ât fa!"* Ond roedd Gwen gyda ni y tro hwn a chan fanteisio ar ugain mlynedd mwy o brofiad bywyd, roeddwn yn fwy na pharod i fwynhau beiddgarwch David ac i werthfawrogi cymeriadau cryf David ac Elisabeth. Nid oedd eu hagweddau gwleidyddol-anghywir wedi lleihau o gwbl ac, yn sicr, roedd eu hiaith goch, fras a'u hymadroddion lliwgar wedi gwaethygu'n sylweddol dros y blynyddoedd. Ar y llaw arall, roedd eu cartref, fel eu teulu, wedi cynyddu ac roedd golwg cartref trefedigaethol Maleisaidd arno, yn addas i dyfwr te cyfoethog fel tad Elisabeth, efallai. Roedd bwrdd glas fformeica bach y gegin a'r ffwrn llosgi coed wedi mynd. Cofiais gael gwledd *gourmet* orau fy mywyd ar y bwrdd bach hwnnw yn ystod ein hymweliad cyntaf. Daliodd y *boys* grancod ffres mewn rhwydi o aber Bunbury, ac wedi'u berwi mewn tuniau ar y traeth gan y *sheelas* aethom i gyd adref i'w bwyta gyda'n bysedd oddi ar bapur newydd ar y bwrdd fformeica. Ond yn ôl trefn pethau, roedd y byd wedi symud ymlaen. Roedd y llwyddiant amlwg a adlewyrchid ym mhob man yn gwbl groes i'r ddelwedd ystrydebol o'r ffermwr ffwrdd-â-hi, gwirion a ymgorfforwyd gan David. Clywais fod David yn ddyn mawr ym myd gwleidyddiaeth amaethyddol Awstralia ers i Brydain ymuno â'r Farchnad Gyffredin ac yn sicr, mae gan David haenau dyfnach na'r rhai lliwgar arwynebol.

I lawr ar y fferm ac yn ôl yr arfer, roedd rhaid inni i gyd brofi sgiliau gyrru David eto. Aeth â ni yn ei drỳc fferm dros fryniau garw i hel *ros* ac emiwod, er nad oedd llawer i'w gweld y tro hwnnw. Nid oedd modd osgoi chwaith y jobyn bach o symud y buchod hesb i'w dir ar draws y brif ffordd. Rhoddwyd hen glwtyn coch imi ac fe'm gosodwyd yng nghanol y ffordd gyda'r gorchymyn i atal unrhyw lori neu gar trwy chwifio fy nghlwtyn bach! Gyda llaw, soniais am hyn wrth David wrth inni hel atgofion yng Nghaerdydd yn 2005 a dywedodd wrthyf yn syn, *"Jeez Mâwee, did âh diw thet ta yew? Now wai wud a blâdi lorry stop fa ya on thet rowd!"*

Y ffordd i White Rocks,
Brunswick Junction

Ymhlith yr holl weithgareddau difyr, roedd Elisabeth a David yn awgrymog feirniadol, fel arfer, o berthynas Tinghie a Kay, ond byddai'n rhaid inni aros am y stori gyfan, o'u safbwynt hwy wrth gwrs, tan ein hymweliad nesaf. Wrth grwydro'n araf yn ôl i Perth, penderfynom oedi am de yn Nannup, tref fach wladaidd. Aethom i gaffi bwyd iach, nodweddiadol o'r rhai cynnar. Rhoes yr hipi o berchennog nòd bach swta inni trwy fwg ei smôc. A dweud y gwir, roedd yr awyrgylch braidd yn fygythiol. Efallai fod iaith fras David, a oedd erbyn hynny wedi newid *sheelas* i rywbeth llawer mwy amharchus, yn atseinio yn ein clustiau a chwarddodd Gwen a minnau hyd at ddagrau pan ofynnodd Martin yn gwrtais, "Could I possibly try one of your best tarts, please?"

* * * * * *

Ar ôl mis o bleser pur, roedd y ffarwelio ym maes awyr Perth yn deimlad ingol. Roeddem i gyd – ni ill dau, Frank, Mal a'n hannwyl Gwen – yn beichio crio, heb wybod pryd y bydden

31

ni'n gweld ein gilydd nesaf. Wrth lusgo ein hunain drwy byrth uffern y Departures, roeddwn bron â thorri fy nghalon. Wrth gyrraedd Passport Control yn llygatgoch, clywsom lais Awstralaidd olaf y trip hwnnw yn dweud, *"Striwth, ah sees yew's hed e grait tââm!"*

Er mor boenus ydoedd inni adael Gwen, roedd hi ar ben ei digon, heb unrhyw amheuaeth, gyda'i bywyd anturus newydd. Fe'n cysurwyd gan y ffaith y buasai'n saff yn nwylo Mal a Frank pe bai ganddi unrhyw broblem, yn yr un modd â ni yn achos Cathy, eu merch hwy, a oedd yn ddisgybl-feddyg ym Mhrydain o hyd. Trodd ein meddyliau at ein bywyd llawn gartref a chawsom wefr wrth weld Jane a Jac, ein hŵyr cyntaf dwyflwydd oed, yn aros amdanon ni yn Heathrow am chwech o'r gloch y bore canlynol. O fewn dim o dro, a chyda chymorth cysylltiadau cyson â Gwen, galwadau gwaith a theulu, dychwelodd bywyd i'w brysurdeb arferol.

Serch hynny, teimlwn rywbeth ar droed, rhyw chwimio o dan yr wyneb. Yn araf bach dros amser, cododd cwestiynau newydd ynglŷn â hunaniaeth bersonol, ond hefyd y tro hwn cododd cwestiynau ynglŷn ag imperialaeth, Cymreictod a'r angen am wreiddiau. Diolch i'r drefn, roedd yn broses gyffrous yn hytrach na phoenus fel yr hunangwestiynu yn y 1970au. Ers imi briodi ac ymsefydlu yn Lloegr ym 1966, roeddwn wedi mabwysiadu mam Martin fel *role model* ddelfrydol, yn ogystal â ffordd o fyw Seisnig Swydd Henffordd. Ond wrth sylweddoli gwerthoedd dyfnaf fy mamwlad ac er syndod i mi a difyrrwch i lawer o'n ffrindiau yma ac yn Awstralia, fe'm gorfodwyd gan ryw ymwybod i ailgydio yn fy nhylwyth a'r iaith. Ac ar noson gyntaf cwrs o ddysgu'r Gymraeg, cnociais wrth ddrws yr ystafell ddosbarth a chlywais lais meddal Marion Williams, merch o Lambed yn wreiddiol, yn dweud, "Dewch i mewn". Teimlais fod rhywun wedi goleuo'm henaid ar y foment syfrdanol honno neu, wrth edrych yn ôl, wedi codi caead bocs Pandora. Dychwelais adref dros y ffin, mewn ysbryd o leiaf, i hawlio fy ngwreiddiau, fy nhylwyth a'm diwylliant. Yn wahanol i mi, mae gan Martin ymdeimlad cryf o berthyn i le, gyda'i draed yn gadarn ar dir Swydd Henffordd. Ond, heb golli dim ar ei wreiddiau, mae Martin yn llawn mor frwdfrydig dros y pethe â minnau. Felly, erbyn hyn, rwyf yn ymwybodol ac yn falch mai Cymraes ydwyf a bod gennym 'briodas gymysg' fel petai, a phartneriaeth gyfoethog o'r ddau ddiwylliant, gyda phinsiad o haul Awstralia i'n goleuo o bryd i'w gilydd.

Francis a Bill

Mae sôn am wreiddiau yn dwyn Francis a Bill i gof, a'r anhawster sy'n gallu deillio o ymsefydlu mewn gwlad newydd. Ni allwn feddwl amdanynt chwaith heb weld gwallt du, trwchus Francis a chlywed llusgo siarad tyner ei hacen Wyddelig. Er bod ganddynt gynllun deng mlynedd i bob golwg, roedd y ddau'n hapus eu byd yn Awstralia. Ar ôl cyfnod yn Perth, sefydlodd Bill ei swyddfa cyfreithiwr ei hun yn nhref Northam yn y gwenithdir. Gan gofio bod mwyafrif poblogaeth Gorllewin Awstralia yn trigo yn Perth a'i chyrion ar y pryd, dim ond y rhai mwyaf anturus fyddai'n dewis byw mewn tref fach wledig fel Northam. Cofiais ymweld â nhw pan oedd Jane yn fabi bach a threuliai Martin gryn amser yng nghanol nos yn ceisio ei hamddiffyn rhag y mosgitos. Wrth gwrs, ein bai ni oedd hynny, gan inni, dwpsod, agor y ffenest yn y gobaith o ennill ychydig o awyr iach yn y gwres llethol. Cywilydd oedd gweld strimynnau o waed ar draws y muriau drannoeth. Ie, roedd y tŷ a'i do tun a'i ffwrn llosgi coed yn gyntefig iawn, iawn. Beth bynnag, roedd Francis a Bill mor ddidaro a hamddenol ag erioed ac yn llawer mwy allblyg eu hagweddau na fi wrth iddynt ailsefydlu mewn tref arall yn y gwylltir yn ddiweddarach.

Ond er mawr syndod inni, dychwelodd Francis, Bill a'u tri phlentyn i Brydain ym 1972. Pan glywsom y newyddion, aethom i Gatwick i'w gweld heb betruso dim, a hwythau *en route* i ymweld â'u teuluoedd yng Ngogledd Iwerddon. I ni, pobol feddwl-agored, anenwadol oeddent ac, wrth reswm yr adeg honno, roeddent braidd yn ofidus am yr helyntion yn y wlad honno. Erbyn inni gwrdd â'n gilydd eto yn Llundain, rhyfeddol o beth oedd y ffaith eu bod yn Brotestaniaid purion – yn eu ffordd nodweddiadol hamddenol, wrth gwrs. Dilynent eu trefn nomadig arferol, gan drigo yn Llundain am ychydig, wedyn yn ôl yng Ngogledd Iwerddon am gyfnod, cyn ymsefydlu eto yn Awstralia ym 1981, yn Sydney.

Yn wahanol i ni, gellid dweud bod Francis a Bill wedi mynd gyda'r llif, fel petai. Yn sicr, roedd ganddynt ryw lonyddwch hynod, o ystyried eu bywydau crwydrol. Pawb at y peth y bo, yntefe? Bid a fo am hynny, mwynhaodd y chwech ohonom – Francis, Bill, Mal, Frank a ninnau – amser arbennig iawn yn ystod ein haduniad ar dir Perth ym 1990. Er ein bywydau a'n cymeriadau gwahanol, a'r pellter anferthol rhyngom, roeddem, ac rydym o hyd, yn ffrindiau anesboniadwy o agos. Rydym yn unfryd yn ein hagwedd at bwysigrwydd teulu, sydd yn eironig mewn gwirionedd, o ystyried bod ein plant wedi'u gwasgaru dros y byd i gyd bryd hynny. Ond erbyn hyn, mae'n braf gweld y cysylltiad yn fyw ac yn iach yn y to iau. Bu Gwen yn aros gyda Catherine, merch Francis a Bill, yn Sydney ym 1998 a gyda Beth, ail ferch Mal a Frank, yn San Francisco, Twrci a Gwlad Thai dros y blynyddoedd. Un tro, cofiais droi at Cathy, y meddyg, am help pan oedd Gwen yn aros gyda hi yn Perth. Roedd Gwen ar fin dychwelyd i Brydain ac roeddwn i'n gofidio'n arw am sut a phryd i ddweud wrthi fod Daisy, ein ci bach annwyl, wedi marw. Teimlwn yn llawer gwell ar ôl galwad ffôn ryngwladol hir gyda Cathy. Ond, beth wnaeth Cathy? Ffoniodd hi Gwen yn y gwaith a dywedodd yn blwmp ac yn blaen, fel arfer, "*Gwin, ya dog's di'd!*"

Y Drydedd Daith

21 Awst 2006

MAE EISTEDDFOD ABERTAWE DROSODD, priodas berffaith Gwen a Colin eisoes fel breuddwyd, llyfrau darllen ar gyfer y gwyliau wedi'u prynu (*The Undertaking: Life Studies from the Dismal Trade* Thomas Lynch; *Ysgrifau* TH Parry-Williams a *Gwe o Gelwyddau* Delyth George) a dyma ni mewn ciw hir yn Departures Heathrow. O, gyda llaw, yn ôl cod rhyngwladol y dydd, gwisgaf jîns a chrys-t, o M&S, wrth gwrs. Ond mawredd, er yr holl flynyddoedd, dyw hedfan ddim yn dod yn haws. Rhaid cyfaddef fy mod yn nerfau i gyd, am resymau hollol wahanol i'r tro cyntaf ym 1963. Does dim rhaid imi wynebu dreigiau a chewri'r gorffennol pell ar yr antur hon. Ond yn eu lle, teimlaf bwys fy ngofidiau, fy ngwendidau a'm rhagfarnau tuag at beryglon y byd sydd ohoni, sef terfysgaeth ryngwladol. Pam? Ers dyddiau, mae prif feysydd awyr Prydain wedi bod dan fygythiad ymosodiadau gan derfysgwyr. Er agwedd *laissez-faire* y teithwyr mwy profiadol na ni sy'n cwyno am y ciwiau a'r oedi hir, mae'r ffin rhwng cyffro a phanig yn un go fregus. Ar ben hyn, mae fy nhuedd naturiol at baranoia yn cael ei bwydo gan ryw ddyn amheus sy'n sefyll o'm blaen i. Ymhlith yr holl ffwndwr ffair a grwpiau o bob math, saif yntau ar ei ben ei hun, clustffonau yn ei glustiau, yn darllen llawlyfr technegol. Wir i chi, llyfr technegol! Gallaf weld y gair 'Settings' dros ei ysgwydd. Os nad yw hyn yn ddigon, mae 'na oedi ymhellach – rhywbeth o'i le gyda system dymheru'r awyren, yn ôl y sôn. Duw a'n helpo! Dyma ni nawr, yn sownd ar y llain lanio ac arni olwg lawer gwaeth na'n lôn gul, gul ni gartref. O, uffern dân, mae pŵer y ddraig yn rhuo! Os daw'r gwaetha...

Rwyf wedi tawelu ychydig erbyn hyn. O'r diwedd, dyma ni'n ymadael, gyda golau Llundain y tu ôl inni a dim golwg o'r dyn dieithr yn unman. Er y bilsen gysgu, nid wyf wedi llwyr ymlacio ac mae fy mhen yn troi tra bo pawb arall yn chwyrnu'r holl ffordd i Awstralia! Ac mae hynny'n beth anhygoel hefyd. Dyma ni i gyd yn hongian mewn swigen yn yr awyr, yn hollol ddiymadferth, yn nwylo rhyw lais ffwrdd-â-hi o gaban y peilot. Teimlaf fod yr awyren yn sefyll yn stond tra bo'r byd ac amser yn symud oddi tanom. Er gwaetha'r nerfau, gallaf brofi eto fflachiadau o fwynhad wrth edrych i lawr ar brydferthwch anhygoel y ddaear oddi tanom, heb helyntion cyffredin pob dydd yn ymyrryd ar lonyddwch yr olygfa. Ond yn sicr, methaf gysgu a methaf ganolbwyntio ar *Gwe o Gelwyddau* hyd yn oed. Hir yw pob aros. Ond o'r diwedd, daeth llais llonydd, cysurol y capten yn cyhoeddi y byddwn ni'n glanio yn Singapore ymhen hanner awr. O gofio ei bod yn dipyn o daith cerdded i fewn i'r maes awyr, mentraf i'r tŷ bach.

Camgymeriad arall. Duw a'n helpo eto! Euthum i'r toiled yng nghefn yr awyren a phwy oedd yn eistedd yn y rhes gefn? Ie, dyna chi, yn llygad eich lle – y dyn amheus – ac roedd yn dal i ddarllen ei lawlyfr technegol a gwisgo clustffonau yn ei glustiau. Bobol bach! Roedd rhaid imi aros yn crynu fel jeli yn y cwt bach ac aeth fy nychymyg yn rhemp. A ddylwn i ddweud rhywbeth? A ddylwn i sgrechian, neu weddïo?

O diar! Mae fy nerfau bron â bod o dan reolaeth eto. Wnes i ddim byd, wrth gwrs, ac ildiais i'm tynged wedi i Martin chwerthin ar fy mhen i.

* * * * * *

Afraid dweud inni lanio'n saff yn Singapore ac o fewn dim o dro roeddem yn hedfan ymlaen i Perth. Roedd yn werth yr holl ffwdan, poen meddwl a blinder pan welsom Mal a Frank yn aros amdanom. Wylais mewn rhyddhad a phleser pur wrth eu gweld eto.

Afraid dweud hefyd nad oedd gennyf ond munud yma ac

acw i'r dyddiadur arfaethedig! Dyma ni ar ein ffordd adref, mewn awyren llawn dop o deithwyr yn pesychu ac yn tisian o'n cwmpas, a minnau'n ceisio rhoi trefn ar yr digwyddiadau dirif a brofason dros y tair wythnos ddiwethaf. Yn bennaf, mae wedi bod yn brofiad hynod o emosiynol. Ni chofiaf achlysur a wnaeth i mi – yn wir, a wnaeth i ni i gyd – grio a chwerthin cymaint. Ni chofiaf adeg chwaith i mi deimlo mor iach ac mor rhydd. Heblaw am ymweld â mab a merch-yng-nghyfraith Mal a Frank yn Albany i ddathlu pen-blwydd cyntaf eu hŵyr Jonah, teimlem ein bod yn ail-fyw cyfnod ein harddegau – er gwaetha'r gwallt brith! Am dair wythnos, nid oeddem yn rhieni, nid oeddem yn dad-cu a mam-gu ac roeddem yn bell o bwysau ein dyletswyddau cyffredin pob dydd.

Roedd Martin a minnau wrth ein bodd ym mhrydferthwch ac awyr arbennig Gorllewin Awstralia eto. Ond heb amheuaeth, caredigrwydd a chroeso cynnes Mal a Frank oedd wrth wraidd mwynhad y profiad. Bob bore dros frecwast ar y patio, dywedai Frank yn ei ffordd araf, feddal, *"Tadâi, woood ya lâike ta... or..."*. Yn hamddenol, aethom i ymweld â'r hen gynefinoedd

Gwylio morfilod yn Albany gyda Mal, Frank a'u hwyrion, 2006

gyda Mal a Frank yn ogystal â chwrdd â hen ffrindiau eraill a phobol ddiddorol newydd. Ond, wrth yrru drwy Kings Park eto a thrwy lonyddwch y rhodfa o goed gwm enfawr, a phob un yn dwyn enw milwr ifanc a gwympodd yn y Rhyfel Byd Cyntaf, gwelem eisiau Tinghie a Kay a hyd yn oed Alis yn fwy nag erioed.

* * * * * *

Fel y bu yn y 1960au, mae'r merched a'r dynion yn tueddu i gymdeithasu ar wahân i raddau helaeth o hyd. Felly, ar yr ail ddiwrnod, aeth Martin a Frank i'r brifysgol gyda'r bois am ginio yn ystafell gyffredin y darlithwyr ac wedyn i ymweld ag adeilad newydd sbon yr Adran Gemeg – prif ddiléit Frank. Ar yr un pryd, a chan ddioddef o effeithiau'r daith o hyd, euthum i, Mal a'i ffrind Alis i gael cinio yn Jo Jo's – tŷ bwyta ar lannau afon Swan. Tra bod Mal ac Alis yn sôn am y clecs lleol, cawn i fy swyno gan liwiau'r cychod a dinas brydferth Perth dros y dŵr. Trwy fy mlinder archebais yn ddifeddwl yr un bwyd â Mal ond roedd y dewis eang o wahanol goffi yn drech na mi. Gofynnais i'r gweinydd ifanc Groegaidd, *gorgeous* o'r enw Michael am help, gan gyfaddef wrtho fy mod newydd gyrraedd Awstralia.

"*Wer ya frum?*" meddai.

"Wales," meddwn i.

"*Stown tha crows, shoomai a Chymrai em byth,*" meddai.

Fel mae'n digwydd, fe'i ganed yng ngogledd Awstralia ond roedd ganddo wreiddiau yng Nghymru a threuliodd adeg gyda'i deulu yng Nghaerdydd ac yn Ffynnon Taf y flwyddyn cynt. Teimlwn yn well o lawer ar ôl y coffi *flat white* hwnnw ac erbyn inni adael roeddem i gyd yn hen ffrindiau, ac wedi addo dychwelyd, ac roedd Mal bron â bod wedi trefnu priodas Michael (Mihangel o'r dydd hwnnw ymlaen) â Jenni, ei merch ieuengaf!

Ar y bore Sul cyntaf, dywedodd Frank yr hoffai fynd â ni i Fremantle am ginio – a mynd i'r offeren yn yr eglwys gadeiriol

Gatholig yn opsiynol. Wedyn, *"Woood ya lâike ta ettend tha ennual cymenfer geni în Saint Georges în tha âfo?"* meddai. Daeth dau fyd at ei gilydd a chawsom ddiwrnod swrrealaidd a dweud y lleiaf. Cyferbynnwyd llonyddwch a heddwch yr offeren yn yr eglwys gadeiriol â'r canu bywiog a'r croeso cynnes a gawsom yn y Gymanfa Ganu yng Nghapel San Siôr. Gwisgai Frank yr het werdd a chanddi ddreigiau coch arni a brynais iddo yn Eisteddfod Abertawe. Wrth fynd i mewn, cyferchais hen ddyn wrth y drws gyda, "Prynhawn da i chi."

"O lle dach chi'n dod, 'ta?" meddai.

"Y Rhondda," meddwn i'n falch.

Atebodd yn syth gyda gwên chwareus ar ei wyneb, "O, dwi rioed 'di clywed am y lle."

Ar ôl deugain mlynedd yn Perth roedd yn debyg ei fod e'n chwifio baner gogledd Cymru o hyd!

Yng nghanol yr holl hwyl, profwyd munud o ddistawrwydd llethol gan gynulleidfa'r Gymanfa Ganu wrth i'r unawdwr ganu'r emyn 'Jerusalem', gyda'i 'England's green and pleasant land', ond roedd hynny'n ychwanegu at ein hwyl, mewn gwirionedd. Wedi'r cwbl, teimlwn fel Cymraes Gymraeg go iawn, yn un o'r clwb. Roedd yn braf iawn clywed llais o dde Cymru wedyn, wrth i Gadeiryddes y Gymdeithas, yn edrych yn hynod o smart yn ei gwisg Sul biws, roi croeso i'r gynulleidfa i fynychu'r cyfarfodydd yn ystod y flwyddyn ganlynol. Siaradodd yn ddwyieithog gan ddweud: "Croeso cynnes i bawb. Mae 'na rai'n dod sy heb unrhyw gysylltiad â Chymru o gwbwl, *poor dabs!*"

* * * * * *

Er yr amheuon ymlaen llaw, uchafbwynt y gwyliau oedd taith bum niwrnod mewn bws o gwmpas gogledd-orllewin Awstralia. Gadawsom Perth ben bore a chyrraedd Monkey Mia ddeuddeg awr a 3,200 o gilomedrau yn ddiweddarach yn nhywyllwch y fagddu. Er y daith hirfaith, gwelsom dirweddau gwefreiddiol a threfi bychain ar hyd yr arfordir a oedd yn newid cymeriad wrth inni nesáu at y gogledd. Yn sicr, fe'n gwobrwywyd yn llawn drannoeth gan olygfa hudol y dolffiniaid yn aros amdanom ni yn nŵr bas y môr. Yn anffodus, doedd dim hawl i ni i nofio gyda nhw fel y gwnaeth Gwen yn ystod ei hymweliad â Monkey Mia ym 1990. Yn ôl y sôn, mae'r Ymddiriedolaeth Lywodraethol sydd yn gofalu am yr arfordir wedi darganfod bod hufen haul yn achosi niwed iddyn nhw – sgil-effeithiau llwyddiant twristiaeth, mae'n debyg. Beth bynnag, cawsom ein swyno wrth fod mor agos atynt. Mynnodd Mal i un ohonynt wenu arni ac, a dweud y gwir, feddyliais i'r un peth â hi. Yn llawer rhy fuan, fe'n gorfodwyd i adael y dolffiniaid oherwydd amserlen dynn ein harweinydd a'n gyrrwr, Brian.

Yn ystod y dyddiau nesaf, fe'n syfrdanwyd drachefn gan brydferthwch ac anferthedd Awstralia. Gwelsom olygfeydd anhygoel o bob math. Un enghraifft oedd Shell Beach, a f'atgoffodd i o ddelweddau arallfydol, swrrealaidd o'r ffilm Ffrengig glasurol *L'Année Dernière à Marienbad*, Alain Resnais, a'i thebyg, wrth i smotiau lliwgar o bobl gael eu gosod yn fwriadol, i bob golwg, ar hyd tonnau enfawr o gregyn mân a oedd cyn wynned ag eira. Roeddwn i wrth fy modd yn gallu

Shell Beach, gogledd-orllewin Awstralia, 2006

ymateb trwy gelf am y tro cyntaf erioed i hanfod tirweddau estron Awstralia yn ystod ein trydedd taith. Prynodd Frank lyfr braslunio i mi yn Perth, maint nodlyfr heddwas, a phrynais bensiliau lliw mewn garej ar hyd y ffordd. Yn ôl trefn y daith, buasai Brian yn stopio'r bws o flaen morlun, tirlun neu ffenomen naturiol ryfeddol am bum munud, neu ugain munud os oedd toiledau ar gael. Achubwn ar y cyfle bob tro i ymlacio ac i ymdrwytho yn elfennau haniaethol y profiad gyda'm hoffter o arlunio syml, dibwys.

* * * * * *

Ond yn y bôn, y rheswm dros deithio i Awstralia, fel arfer, oedd y bobol, ac roedd yn wych cael rhannu'r profiad gyda Mal a Frank. Mewn gwirionedd, roedd y pum niwrnod megis *encounter group* doniol o'r 1970au. Roedd aelodau o bob math yn y grŵp, o wledydd gwahanol a, diolch byth, o oedrannau gwahanol. Doedd pawb ddim yn cynrychioli'r 'Crwydriaid Llwyd' – yr ymddeoledig cyfoethog sydd mor gyffredin yn Awstralia y dyddiau hyn, yn ôl David. Gwelsom lawer o fysiau'n llawn dop ohonynt ar hyd y ffordd yn ogystal â'r cerbydau gwersylla poblogaidd, wrth i *retirees* Perth ddianc i wres y gogledd rhag oerfel y gaeaf yn y de.

Ffermwr yn y gwylltir oedd Brian, ein gyrrwr, ar un adeg ac wrth iddo yrru fe'n diddanai gyda'i stoc enfawr o storïau doniol a gofidus am nadroedd peryglus, yn ogystal â'n syfrdanu gyda'i wybodaeth eang am ffawna a fflora, ac o hanes a gwleidyddiaeth Awstralia. Ond ar ddiwedd diwrnod llawn roedd yn braf cyrraedd ein *bivouac* cysurus dros nos. Mae Frank a Martin yn hoff iawn o win a ni'n pedwar oedd y garfan swnllyd a, byth a beunydd, yr olaf i adael yr ystafell fwyta gyda'r nos. Byddem yn denu cwpwl gwahanol i aros gyda ni am sgwrs bob nos, a chanddynt bob un ei stori ryfeddol i'w hadrodd. Ar noswaith olaf y daith, clywsom stori Lili a Francis. Dioddefodd Lili'r gwarth o esgor ar blentyn anghyfreithlon yn ystod y 1950au. Gwrthodwyd hi a'i theulu gan eu cymuned leol ac roedd yn anghredadwy clywed nad oedd ganddi'r hawl i enwi ei hun fel mam ar y dystysgrif geni. Roedd rhaid iddi fodloni ar y teitl 'mam faeth dros dro'. Ymgyrchodd dros hawliau mamau sengl am flynyddoedd maith ac, ymhen amser, cafodd ei gwahodd i drafod y pwnc llosg hwnnw ar lefel lywodraethol. Teimlem mai'r un mor farbaraidd oedd ei phrofiad personol hi â'r arfer o wahanu plant hanner gwaed oddi wrth famau tua'r un adeg, ac roedd yn amlwg ei bod hi'n brifo o hyd. Wrth ymadael, cyfaddefodd Lili nad oedd hi wedi rhannu ei stori ddychrynllyd â neb o'r blaen mewn sefyllfa mor anffurfiol â honno. Ond roedden ni'n ei hedmygu'n fawr. Profodd stori Lili i fod yn achos emosiynol yn ystod ein sgwrs arferol dros gwpanaid o de camomeil cyn mynd i'r gwely. Dychwelsom adref i Perth wrth ein boddau gyda'n hantur gyntaf i ffin tiriogaethau gwyllt y gogledd. Roedd gennym gannoedd o gofion unigryw, melys a doniol o fod yng nghwmni esmwyth Mal a Frank.

David ac Elisabeth eto

Yn ôl yr addewid a wnaethom i Elisabeth a David yng Nghaerdydd, nid oedd modd inni fod yng Ngorllewin Awstralia heb ymweld â nhw. Dyma gychwyn am eu tŷ haf yn Busselton gan adael Mal a Frank yn Albany am ychydig o ddyddiau ychwanegol gyda'u teulu. Wrth yrru, achubem ar y cyfle braf i sgwrsio yn Gymraeg yn ystod y daith fendigedig ar ffyrdd gwag yr arfordir a thrwy goed cawraidd cyfarwydd y coedwigoedd cari. Cawsom gyffro pan welsom ddraig goch ar focs post fferm ddiarffordd ar yr heol. Yn anffodus, roedd glaw'r gaeaf wedi achosi gormod o ddifrod i'r llwybr fferm inni fentro arno yn ein car llog bach. Yn y diwedd, felly, rhaid oedd bodloni ar adael nodyn bach Cymraeg i'r teulu yn y bocs post a cheisio dychmygu eu hymateb.

Newidiodd rhythm hamddenol y gwyliau hyd hynny i un llawer mwy egnïol cyn gynted ag y cyrhaeddom dŷ glan môr syfrdanol Elisabeth a David. Yn ystod ein noson gyda nhw

Y ddraig goch, rhywle rhwng Albany a Denmark, Gorllewin Awstralia

yng Nghaerdydd y flwyddyn gynt, roeddent wedi awgrymu y gallem ddefnyddio'r tŷ fel lle i ymlacio a gweld y wlad. Ond na! Erbyn hynny roedd gan Elisabeth restr hir o bethau i'w gwneud ac roedd hi'n awyddus, nage, yn bendant, ein bod yn eu gwneud gyda'n gilydd. Ar ben hyn, gosododd David her ar gyfer 2006 imi dros swper, sef *squid'n* – pysgota am dwyllwr du asgellog yn y môr. Meddyliais wrthyf fi fy hunan, "Dim gobaith, *mâite*". Mae'r môr yn codi ofn arna i ers imi gael fy nadlwytho wyneb i waered ar dywod garw traeth Cottesloe ym 1963 ac roedd y syniad o fod mewn cwch bach ar ddyfroedd tywyll y môr gyda David ac Elisabeth yn hunllefus. Ond wrth weld maint cwch modur David drannoeth, ildiais i'w berswâd, er nad oeddwn wrth fy modd, o bell ffordd. Diolch i Martin, sydd yn fy adnabod mor dda, deuthum drwy her David a llwyddom i ddal digonedd o dwyllwyr duon asgellog, gydag Elisabeth yn gweiddi drwy'r amser, "*Mââtn, watch tha blâdi eenk, watch tha eenk*!" Afraid dweud, ofer fu ei rhybudd a chafodd hi a Martin eu peintio gan inc du *"tha leetle blâiters"*. Yn sicr, ni fwytaf *squid* byth eto!

Mae David ac Elisabeth yn dal i fod yn bâr rhyfeddol, a'r un mor garedig a chroesawgar ag erioed. Ond wrth heneiddio roeddent yn fwy swnllyd, rywsut, yn fwy pryfoclyd ac yn fwy hiliol nag erioed hefyd, wrth iddynt ddadlau dros bob agwedd a manylyn o'u bywyd llawn. Roedd Elisabeth yn llawer mwy uchel ei chloch na David druan, ac roedd ei hiaith a'i hagweddau asgell dde eithafol yn ddigon i godi cywilydd arnaf. Mynnai hi mai'r drwg pennaf yn y caws Awstralaidd oedd y *"blâdi, lâisee bwwngs"*, sef brodorion Awstralia, tra arhosodd David gydag un o'i ffefrynnau saff, sef *"Now look, thêr â three tâps o Pom: poms, blâdi poms end pommee bââstuds!"*

Ond ymhlith holl stŵr y gweithgareddau gorfodol dirif, cawsom gyfnodau bythgofiadwy a doniol hefyd. Wrth gadw at drefn lem Elisabeth fe'n gorfodwyd i deithio'n ôl i'r coedwigoedd cari er mwyn cael picnic. Afraid dweud inni wastraffu oriau a nerfau wrth fethu â dod o hyd i fan arbennig Elisabeth. Yn y diwedd, stopiodd David y car yn sydyn yng nghanol y llwybr oherwydd ei bryder ynghylch clefyd siwgr Elisabeth a'r angen iddi fwyta'n rheolaidd. Ond yn y bôn, roedd yn fraint ac yn brofiad gwefreiddiol i gael sefyll unrhyw le yn nhawelwch a heddwch y goedwig hynafol. Roedd fel sefyll mewn eglwys gadeiriol naturiol, fyw. Safai'r cewri yn eu gogoniant paganaidd, eu rhisgl fel pilion hir o dasgiadau paent o binc, gwyn ac arian. Ym mhelydrau'r haul a dreiddiai trwy ganopi trwchus o ddail cari, gellid teimlo eu dirgelwch a'u doethineb hollweledol a chlywed atseiniau o fywydau a storïau'r cynfrodorion gwreiddiol a'r gwladychwyr a ddaeth ar eu hôl i grafu bywoliaeth yn eu plith. Er mwyn peidio â bod yn destun sbort i David am weddill fy mywyd, mygais yr ysfa lethol i gofleidio un neu ddwy o'r coed uchel a edrychai i lawr yn groesawgar arnaf. Rhaid wrth fodloni ar ymddiddan bach mud. Ond yn ddiau, roedd y daith hirfaith ac iaith biws Elisabeth yn werth yr holl ymdrech.

Coedwig cari

Mewn cyferbyniad llwyr, cawsom brofiad doniol, ffarsaidd bron, ar ein bore olaf yn Busselton. Wrth dorri pob rheol o'i deiet, ac yn groes i'm harfer i, mynnodd Elisabeth brynu brecwast llawn inni yn y caffi hanner ffordd drwy'r jog boreol gorfodol. Wrth basio, dylwn sôn am ymweld â chyn-ferch-yng-nghyfraith ac wyresau Elisabeth a David y prynhawn cynt, profiad dymunol iawn. Wrth gyrraedd y caffi, diflannodd Elisabeth i'r tŷ bach a dechreuais ofidio amdani ar ôl ychydig a phenderfynais sicrhau ei bod hi'n iawn. Cyrhaeddais ddrws y tai bach ar yr un pryd â menyw ifanc a aeth i mewn o fy mlaen i i'r unig giwbicl arall. Wrth sefyll wrth y drws, gofynnais,

"Wyt ti'n iawn, Lizzie?"

"*Yer, sheel be right, Mââwee,*" meddai hi. Felly gadewais, gan ddweud wrthi fod y bwyd yn barod ar y bwrdd. Chwarter awr yn ddiweddarach, ymddangosodd Elisabeth yn wynepgoch gan gywilydd wrth fy ngweld i'n eistedd wrth y bwrdd. Yn ôl y sôn, roedd hi wedi bod yn trafod problemau ei pherfeddion, yn ogystal â lladd yn ddidrugaredd ar enw da Sharon, sef ei chyn-ferch-yng-nghyfraith. Ond nid fi oedd wedi dioddef ei hymosodiad llym drwy wal denau'r lle chwech, diolch byth. Yn fwy na thebyg, roedd y fenyw ifanc a ymddangosodd o'r tŷ bach ac a frysiodd o'r caffi yn fenyw leol, a gallwn gydymdeimlo ag Elisabeth wrth iddi ddweud, *"Jeeez Mââwee, ah thought yew wer a bît quâet!"*

* * * * * *

"Wee'r werkin yas tew hââd, Mââwee!" meddai David o hyd. Ond, er gwaethaf prinder amser, roedd Elisabeth a David yn benderfynol o ddangos datblygiadau newydd ar y fferm i ni. Felly, aethom i gyd yn ôl i Brunswick Junction ar gyfer ein diwrnod olaf ond un gyda nhw. Enwyd y fferm yn White Rocks oherwydd clwstwr anarferol o greigiau gwynion sy'n codi'n ddramatig o'r pridd orengoch. Mewn gwirionedd, mae'n debyg i Ayers Rock bach ac yn amlwg iawn o'r briffordd. Roedd yn braf iawn bod yno eto ond nid oedd modd inni adael cyn archwilio pob manylyn o 'Amgueddfa Werin Sain Ffagan' fach Elisabeth, parlwr godro cylchog symudol David, na chyn i Martin roi cyngor pensaernïol ynglŷn â'u prosiect adeiladu nesaf. Gyda thristwch go sylweddol ond elfen o ryddhad eto, cychwynnom, yn hwyr, yn ôl i Perth, gan fyfyrio dros y sgwrs ddiddorol a gawsom gyda nhw dros swper a'r botelaid neu ddwy o win y noson cynt.

Ymgorfforiad ystrydebol o wraig fferm galed yw Elisabeth a gwelir hynny yn ei hegni diddiwedd a'i siarad plaen. Mae'n amlwg hefyd ei bod hi'n angerddol am ei phlant, am ei hen deulu, ac am ei thrysorau i gyd – yr arian teuluol, y llyfrgell yn llawn albymau ffotograffau a dwy goeden deulu hi a David wedi'u fframio. Tra bo David yn wyn ei fyd ac yn gadarn ar dir ei gyndeidiau, teimlem fod Elisabeth yn ceisio profi ei hun i ryw raddau. Pa ryfedd, meddyliais, wrth inni wrando arni'n disgrifio, gyda chryn chwerwder, ei phrofiad fel merch fach yn ffoi rhag y milwyr Siapaneaidd ym 1941 a sail ei chasineb tuag at Tinghie.

Clecs a mwy o stori Elisabeth dros swper o gig llo White Rocks

Yn ôl Elisabeth, dim ond pum mlwydd oed oedd hi pan gyrhaeddodd y teulu eu dihangfa yn ficerdy Tinghie. Roedd hi'n ddigon hen i deimlo dychryn ac ansicrwydd enbyd y sefyllfa ond yn llawer rhy ifanc i ddatod dryswch ei meddwl. Dywedodd mai cannwyll llygad ei thad oedd hi a threuliai ddyddiau llawn gydag ef ar ei ystâd tyfu te ym Maleisia cyn y rhyfel. Yn awr, galarai amdano a cholledion oll y bywyd a fu. Gwelai ei chefnderwyr, Ann ac Ian, yn colli eu mam, Kay, i Tinghie. Beth a ddigwyddai nesaf, tybed? Roedd y gwaethaf eto i ddod. Pan gyrhaeddodd ei thad yn saff yn Awstralia ar ddiwedd y rhyfel, fe'i hanfonwyd hi, gyda'i chwaer fach, Sheena, i'r ysgol yng Nghaeredin. Arhosent gyda modryb ddibriod a oedd yn dwlu ar Sheena ond yn greulon tuag at Elisabeth. Dechreuodd adeg ansefydlog iawn i'w rhieni, wrth iddynt symud rhwng Maleisia, Awstralia a Phrydain am flynyddoedd gan weld eu merched yn ystod y gwyliau haf yn unig. Wrth reswm, felly, menyw gref, yn benderfynol o reoli ei bywyd ei hun a'r byd o'i chwmpas, ydy Elisabeth. Am ryw reswm, rhôi Elisabeth yr holl bwysau a'r bai am ei bywyd trawmatig cynnar ar Tinghie. Ni leddfwyd ei llymder na'i chasineb tuag ato dros amser. Heb amheuaeth, a chydag angerdd andwyol, cred hi o hyd i Tinghie, y llithiwr carismatig, ddwyn Kay oddi wrth ei phlant a'i gŵr. Er i ŵr Kay ddod i Awstralia i'w gweld ar ddiwedd y rhyfel, fel y gwnaeth gŵr Sally, gwrthododd Kay fynd yn ôl i Maleisia gydag ef. Gan bentyrru mwy o fanylion, honnodd Elisabeth fod Alis yn llawer hŷn na Tinghie a'i bod hi'n feichiog pan briodon nhw. Anghredadwy! Tinghie, y ficer, ac Alis. Efallai mai trawma a gwarth ei sefyllfa yr adeg honno a barodd hynodrwydd Alis.

Yn sicr, ychwanegwyd llawer o liwiau cyfoethog at gymeriadau pwysig ein taith bywyd yn ystod y sgwrs ddiddorol honno, yn hwyr y nos. Profom ochr arall i Elisabeth – ochr angerddol ond eto un a oedd yn llawer mwy caled ac anfaddeugar na'i phragmatiaeth arferol. Ond mae gan bawb ei stori ryfeddol i'w hadrodd, on'd oes, a buaswn wedi bod wrth fy modd yn cael gwybod stori Kay a Tinghie yn uniongyrchol o lygad y ffynnon. Pwy a ŵyr?

* * * * * *

Cyn gynted ag y diffoddodd Martin injan y car y tu allan i dŷ Mal a Frank, clywsom *"Wilcum howm"* cynnes Frank, a syrthiais ar ei fron mewn llawenydd a rhyddhad. Mae'n drist gen i gyfaddef ei bod yn bosib cael syrffed o garedigrwydd, golygfeydd gogoneddus a *squid*. Wrth baratoi am ein trydedd taith i Awstralia, roedd gennym un awydd pendant, sef rhannu bywyd cyffredin gyda Mal a Frank dros ford gron eu cegin. Yn nhawelwch datrys croesair y *Western Post* gyda Mal fore trannoeth, teimlwn ein bod wedi llwyddo i gyflawni'r amcan hwnnw y tu hwnt i bob gobaith. Ac mae'n debyg i Mal a Frank werthfawrogi'r amser gyda'n gilydd gymaint â ninnau. Dywedodd Mal fod Frank wedi mynd braidd yn drwm ei glyw ac roedd yn anfodlon cymdeithasu cymaint ag arfer, ac nid oedd byth yn codi'r ffôn. Ond ers inni gyhoeddi dyddiadau pendant ein gwyliau, mae'n debyg bod Frank wedi bod wrthi'n ymchwilio'n fanwl i bob un o'r gofynion: tripiau twristaidd, ymweld â theulu a chyfeillion eraill, llogi car, bwytai, ac yn y blaen ac yn y blaen. Yn sicr, ni welsom yr un mymryn o newid yng nghymeriad Frank a'i ffordd araf, ddoniol sych o gyfathrebu yn ystod y tair wythnos lawn o fynd a dod.

Beth bynnag am hynny, gwyddem fod ein hamser gyda nhw yn gyflym ddod i ben. Treuliom y ddau ddiwrnod olaf yn Awstralia yn cyfarch a ffarwelio â gweddill yr hen griw. Cawsom ginio a sgwrs ddiddorol â Sheena (chwaer Elisabeth) a'i gŵr Geoff a oedd newydd ddychwelyd o'u gwyliau ym Mhrydain. Fel mae'n digwydd, buont yn aros am ychydig o ddyddiau yn ein tŷ bychan ni yn Aberystwyth. Roedd yn rhyfeddol inni glywed clecs a mân newyddion Aberystwyth wrth i'r chwe hen ffrind eistedd ym mwyty hyfryd Kings Park o flaen golygfa fendigedig o ddinas Perth! Merch siriol a chanddi wên bob amser yw Sheena ac mae wedi teithio'n eang dros y blynyddoedd, yn cynnwys teithio'n rheolaidd i Brydain. Ond doedden ni ddim wedi siarad am ei hymchwilio poenus, personol am wreiddiau o'r blaen. Ta beth, tua diwedd ein hamser gyda'n gilydd, datganodd yn fuddugoliaethus, *"D'ya knaw Mââwee dâârlin, we hed a grâit tâm; luved little Wailes, luved ya dâârlin little hâwse, but whin â saw tha Qantis kengaroo on tha taile of tha 737, â knew â wus gowin howm!"*

Yn y foment honno, gwyddwn yn iawn sut roedd hi'n teimlo. O fewn dyddiau o gyrraedd y tro hwn, a chael ein cofleidio gan gyfeillion mynwesol a bywyd hamddenol Awstralia, cododd y cwestiwn anochel am y tro cyntaf erioed, sef pam y dychwelom i Brydain ym 1966? Ond sylweddolom yn fuan mai Perth a'r ardal ddigyfnewid gyfarwydd o gwmpas y brifysgol ar lannau afon Swan oedd yr atyniad mwyaf. Mae nifer o'r byngalos traddodiadol wedi cael eu disodli gan dai mawr deulawr a mwy, ond heb darfu ar awyrgylch a llonyddwch yr ardal. Mewn cyferbyniad llwyr â hyn, yn arbennig yn ystod ein hamser prysur gydag Elisabeth a David, gwelsom effaith twf aruthrol y cloddfeydd breision yn ne-orllewin Awstralia. Ers i lywodraeth Awstralia roi ei White Australia Policy o'r neilltu gryn amser yn ôl, maen nhw wedi agor drysau i wledydd newydd, o ganlyniad i'r galw mawr am weithwyr. Dyma'r peth sydd wedi arwain at dwf aruthrol y boblogaeth dros y blynyddoedd ac yn arbennig yn ddiweddar. Crëid dinasoedd anhygoel ar gyfer *nouveau riche* Gorllewin Awstralia, a'r rheiny'n ymddangos dros nos bron. Mae gan y mwyafrif o'r cartrefi angorfa i'r cwch hwylio yn y cefn, a garejis triphlyg yn y ffrynt yn ogystal â gatiau diogelwch haearn mawr. Ond dyw pawb ddim ar eu hennill yn sgil yr ehangu diwydiannol sydyn. Er gwaethaf anferthwch Awstralia, clywem am broblemau cymdeithasol newydd sydd wedi bwrw'r broblem boliticaidd gynharach i'r cysgod, sef sut i wneud cyfiawnder â brodorion cynhenid Awstralia. Yn sicr, mae bywyd yn cyflymu ac yn cymhlethu ym mhob man ond roedd yr holl gyffro a chyfoeth yn llethol i mi – merch sydd â'i gwreiddiau, er mor fregus ydynt, yn ddwfn yng Nghwm Rhondda. Teimlwn yn barod i droi am adref.

Frank a Mal eto, 2006

Athro cadeiriol rhan-amser yn Adran Gemeg y brifysgol yw Frank erbyn hyn, ac yn gyfrifol am nifer fach o fyfyrwyr ymchwil. Dathlodd ei ben-blwydd yn saith deg oed ym mis Ebrill ond, yn anffodus, oherwydd ein gobeithion mawr o fynd i Awstralia ym mis Awst, ni allem dderbyn y gwahoddiad i'w barti. Ond, cafodd Gwen a Colin, ei darpar ŵr bryd hynny, y fraint o fod yn rhan o'r dorf deuluol a ddaeth o bedwar ban byd i fod gydag ef – er mawr syndod iddo. Ond y syndod mwyaf y noson honno, ac a fu'n achos llawer o chwerthin a dagrau emosiynol i bawb, oedd yr araith hir a phersonol a oedd mor annodweddiadol o Frank. O bryd i'w gilydd dros y blynyddoedd, cawsem fanion bychain o'i stori ryfeddol ond, yn awr, gallai Gwen lenwi gweddill y bylchau i ni wedi iddynt ddychwelyd i Brydain eto. I raddau helaeth, mae'r stori'n esbonio cymeriad cymhleth Frank sydd mor ddiymhongar ac emosiynol, ond eto yn uchelgeisiol ac yn falch o'i deulu.

Rhan o stori Frank a adroddodd drwy ei win a'i ddagrau ar achlysur ei ben-blwydd yn saith deg oed
Cafodd Frank ei eni yng ngorllewin Jafa ac, yn debyg i Elisabeth a Sheena, tyfwr te breintiedig oedd ei dad. Ond daliwyd ef a'i rieni wrth iddynt geisio ffoi rhag milwyr Siapan a oedd yn goresgyn Singapore. Gwahanwyd ei dad oddi wrtho ef a'i fam a threuliasant weddill y rhyfel mewn gwahanol wersylloedd i garcharorion. Doedd dim cysylltiad rhyngddynt o gwbl ac ni wyddai Frank, a oedd yn fachgen pum mlwydd oed ar y pryd, a oedd ei dad yn dal ar dir y byw ai peidio. Mae'n amhosib inni heddiw ddychmygu amgylchiadau enbyd a brawychus eu

bywydau yn ystod y cyfnod hwnnw, ond goroesi a wnaethant ill tri. Yn debyg i nifer o blant eraill, anfonwyd Frank yn ôl i'r 'Hen Wlad' i fynychu ysgol yn Llundain ar ôl iddynt gael eu rhyddhau, tra oedd ei rieni'n ceisio bywyd newydd yn Awstralia. Diolch i'r drefn, ni chafodd Frank brofiad mor boenus ag Elisabeth ond, yn anffodus, methodd ei dad ymsefydlu'n hapus yn Awstralia ar ôl y rhyfel. Ni wyddai neb am Post-Traumatic Stress Disorder bryd hynny ac, yn y pen draw, gwnaeth ei dad amdano ei hun ar ôl methiant ei fusnes. Frank oedd yr un a orfodwyd i ymdopi â'r holl broblemau, a'r boen a'r ing a godwyd yn sgil y digwyddiad mwyaf trawmatig yn hanes ei deulu.

Yn rhyfeddol, nid oes creithiau emosiynol i'w gweld yng nghymeriad ac agweddau Frank. Yn ôl Gwen, roedd ei araith yn llawn gwyleidd-dra tawel a hiwmor sych sydd mor nodweddiadol ohono. Ond yn anad dim, yr elfen bennaf oedd ei falchder a'i ddiolchgarwch tuag at ei deulu mawr wrth iddo edrych yn ôl dros ei fywyd, a'i berthynas â Mal yng nghanol hyn oll. Gadawodd Mal a'u plant ifainc eu cartref a'u ffordd arferol o fyw er mwyn dilyn Frank ar ei anturiaethau niferus dros y blynyddoedd. Wrth sôn am ddim ond un enghraifft, roedd ganddynt chwech o blant pan aeth Frank i Sweden am flwyddyn sabothol arall. Ni ellir dweud mai arloeswraig wrth reddf yw Mal ond llwyddodd hi i addasu a chynnal bywyd mewn diwylliant a oedd yn hollol ddieithr iddi. Menyw ei hoes sydd yn ymgodymu'n dawel â'r tyndra rhwng bywyd teuluol, ei ffydd a'i hangen am hunaniaeth bersonol yw Mal o hyd. Ond stori Frank oedd biau'r llwyfan ar y noson honno. Drannoeth yr achlysur, pan ffoniodd Frank ni, swniai fel un wedi meddwi gan emosiwn, yn ogystal â gwin. Bu'n gyfle unigryw iddo adrodd ei hanes anhygoel yn ogystal â bod yn brofiad cathartig hefyd.

Adre
Medi 2006

YN ÔL Y DISGWYL, trodd dagrau o bleser yn ddagrau o dristwch wrth ganu'n iach i Mal a Frank ym maes awyr Perth, ar ôl treulio tair wythnos fythgofiadwy yn eu cwmni. O diar annwyl, dyw hedfan ddim yn beth call ac, yn sicr, dyw'r profiad ddim yn gwella wrth ei arfer. Oherwydd bod y sedd o'i flaen wedi torri, mae Martin druan wedi teithio'r holl ffordd o Singapore gyda phen menyw ffwdanus ar ei fron, bron! Rwyf wedi dechrau difaru'n barod i mi awgrymu Seland Newydd y tro nesaf! Wrth gwrs, roedd yn hollol amhosib gadael Mal a Frank heb addo, drwy'r dagrau, i gwrdd â'n gilydd eto'n fuan. Wrth gyflawni'r traddodiad triawdol yn llwyddiannus iawn, iawn gyda'r drydedd daith i Awstralia, penderfynom deithio i rywle gwahanol, hanner ffordd rhwng Prydain ac Awstralia, ond dyw Seland Newydd ddim hanner ffordd, ydy e? Ond eto, trwy gyd-ddigwyddiad, mae ffrindiau agos gyda ni yno, ac mae gan Mal a Frank deulu yno hefyd sydd yn adnabod ein ffrindiau ni'n dda. O wel! Efallai byddwn wedi dadflino erbyn hynny! O! Diolch byth, dyna'r haul yn gwawrio dros Lundain... bron adre.

* * * * * *

Mae'n fis llawn ers inni gyrraedd adre a chawsom bleser mawr yn treulio ychydig o ddyddiau hamddenol gyda Francis a Bill yma yn y Rhosan ar Wy cyn iddynt hedfan yn ôl i Awstralia. Dydyn nhw ddim wedi newid o gwbl, a heb golli dim ar eu lleisiau meddal a'u hacen Wyddelig. Wrth i dreigl amser gyflymu, cadarnhawyd y syniad i ni'r chwe ffrind gwrdd â'n gilydd rywle, rywbryd yn 2008. Rwyf yn edrych ymlaen yn arw at hynny.

Ond oherwydd blinder hirbarhaol o ganlyniad i'r daith hir sydd newydd ei chyflawni, mae'n anodd iawn ymddatod a rhoi trefn ar y myrdd o argraffiadau a theimladau cymhleth a brofom. Heb amheuaeth, cawsom hwyl aruthrol, ond ni ddisgwyliem brofiad a fyddai mor emosiynol ac arwyddocaol. Yn hytrach na dianc am hoe fach at gyfeillion ein gorffennol mytholegol yn haul Awstralia, plethwyd edafedd o'r ddau fyd i greu undod syfrdanol. Cydbwysai dwyster a dyfnder y tair wythnos â'r einioes o brofiadau mwy cynnil yma ym Mhrydain. Mae hen gloc mawr teulu Martin yn taro'r oriau yn ein cyntedd ni erbyn hyn. Ac mae'n anodd rhoi pris ar wynebau ffrindiau o'r dyddiau ysgol, a'r bobl nad wyf wedi dweud dim wrthynt ond "Helô, sut dych chi a'ch teulu?" dros y blynyddoedd maith yma yn y Rhosan ar Wy, heb wybod eu henwau, hyd yn oed. Mwy arwyddocaol yw storïau fy nhylwyth yng Nghymru sydd heb eu hadrodd yn llawn wrthyf eto. Yn ystod ein trydedd taith i Awstralia, ymhyfrydai Martin a minnau yn y symbolau gweledol o'n Cymreictod – het Frank o Eisteddfod Abertawe, y Gymanfa Ganu, y ddraig goch ar focs post anghysbell, heb sôn am groeso swrrealaidd Mihangel ym mwyty Jo Jo's. Ar ben hyn, teimlwn yn gadarn ac yn falch o fod yn Gymraes yn Awstralia a châi Martin a minnau hwyl aruthrol wrth arfer yr iaith a chwifio baner Cymru ar bob cyfle, er mawr syndod, difyrrwch a diddordeb i lawer.

Wrth fanteisio ar y cyfle i edrych yn ôl dros y tair taith i Awstralia, er mai gwahanol iawn oedd pob profiad, teimlaf mai un daith yn unig sydd yma mewn gwirionedd. Un daith gan un fenyw a chanddi dair agwedd i'w chymeriad. Un cylch felly ac un bywyd. Rwyf wedi byw rhwng bydoedd ar hyd f'oes, mae'n debyg, a pham y dylai'r patrwm newid yn awr? Dyna fel y mae, a gallaf weld treigl fy mywyd mewn lliwiau cryfion erbyn hyn. Man cychwyn y daith oedd porffor du afon Taf a lliw alisarin rhuddgoch y rhedyn ar Ben Pych yn y Rhondda, meysydd chwarae fy mhlentyndod. Yn ddiweddarach teithiais i wyrddni porfeydd ac ŷd melyn-oren Swydd Henffordd. Ymestynnwyd y palet ymhellach gan oren rhwd pridd Awstralia a phurwyn ei thraethau a glas anhygoel ei hwybrennau. Ehangwyd a dwysawyd y palet dros amser gan hyder newydd a throeon bywyd. Dyma fi, newydd gyrraedd adre o ochr arall y byd, ar y ffin rhwng Cymru a Lloegr unwaith eto. Yn fy meddwl, mae gennyf ddarlun haniaethol yn ei gyfanrwydd yn nhirweddau dramatig Cymru, Lloegr ac Awstralia ac yng nghymeriadau lliwgar pwysig fy nhylwyth estynedig. Undod mewn amrywiaeth sydd ynof. Yr hyn oll yw fy hanes i ac, mewn gwirionedd, efallai mai fi yw'r crwydryn, wedi'r cwbl. Fe'm hatgoffir o eiriau Virginia Woolf a addaswyd ar gyfer y ffilm *The Hours*: "One must accept one's life – and love it." A chofier hyn: yn ôl cred hynafol aboriginiaid Awstralia y mae bywyd yn gylch tragwyddol. Tybed a oes amser i'r rhod droi un waith eto?

Blaen Rhondda, pentref fy ngeni

Angladdau

There are still parts of Wales where the only concession to gaiety is a striped shroud.

Gwyn Thomas

Apologia

Rhaid cyfaddef fy mod i'n licio angladd dda ac, yn sicr, does dim i'w gymharu ag angladd Gymreig. Wrth gwrs, mae'r mwynhad yn fwy ar achlysuron pan nad yw'r diweddar druan yn berthynas neu'n gyfaill mynwesol a phan rydych chi, o ran oedran ac iechyd, yn ddigon pell o wynebu'r Medelwr mawr eich hunan! Rhaid teimlo'n anfarwol er mwyn sefyll yn gadarn a chanu nerth eich pen ymhlith torf enfawr o alarwyr, a meddwl trwy drugaredd nad chi sy'n eistedd yn y sêt flaen y tro hwn.

Ond nid felly y bu o hyd. Mae'n hawdd cofio arswyd a hunllefau cyffredin plentyndod – y synau iasol a thywyllwch du'r nos, heb anghofio'r anghenfil o dan y gwely. Roedd gen i ofn greddfol o ddirgelwch marwolaeth, cysgodion tywyll glyn cysgod angau a thonau distaw'r oedolion o bryd i'w gilydd. Yn anad dim, roedd y geiriau 'marwolaeth' a 'thad' yn gyfystyr â bod yn ddieithr yn y byd, yn rhywun gwahanol, ar wahân, yn un a safai yn y rhes cinio am ddim yn yr ysgol.

Gellid dweud bod gennyf ddiddordeb morbid mewn angau ond wrth hel at ei gilydd yr ysgrifau hyn, dilynaf draddodiad parhaol ein cenedl, a'i hobsesiwn genetig bron ag angau a cholled. Wrth gynnig yr ysgrifau isod, carwn ddweud i mi gael fy ysbrydoli gan gewri llenyddiaeth Cymru, wrth ddwyn i gof draddodiad y Canu Angau o'r gorffennol pell hyd heddiw, ac enwau megis Aneirin, T H Parry-Williams, Gerallt Lloyd Owen, ac yn y blaen, ac yn y blaen. Ond na! Diolch i Frank

Vickery, dramodydd amatur o'r Rhondda ar y pryd, profais ryw fath o sylweddoliad syfrdanol, bron â bod yn dröedigaeth, un bore ym mis Tachwedd 1985. O ganlyniad i'r profiad hwnnw, sylweddolais nad oeddwn yn gaeth bellach i ofnau'r gorffennol, ac fe'm hailgyflwynwyd i lais a hiwmor du cymoedd de Cymru.

Yn gynnar ar y bore niwlog, gwlyb hwnnw, cefais alwad ffôn brin oddi wrth fy mrawd hynaf a oedd yn byw gyda Mam yn y Rhondda.

"Mairwen, they've taken 'er in," meddai, yn ei ffordd gynnil nodweddiadol. Heb oedi dim, cychwynnais ar frys ac yn llawn gofid ar y daith ddigon hir o Swydd Henffordd i Ysbyty Llwynypia. Wrth yrru roeddwn, fel arfer, yn gwrando ar Radio 4. Yn sydyn, dalwyd fy sylw gan eitem ryfeddol ar *Woman's Hour* am gwmni theatr amatur o Dreorci a lwyfannai un o'u dramâu yn The Duke of York's Theatre, Llundain am un diwrnod yn unig, un waith y flwyddyn. Ni allwn ddychmygu pwy yn y byd a fuasai'n mynd i'w gweld ac eithrio teuluoedd a ffrindiau'r actorion – dim hanner digon i lenwi'r Park and Dare, Treorci heb sôn am unrhyw le arall. Wedyn, cyflwynwyd detholiad o'r ddrama. Safai grŵp o bobl ar gornel stryd yn siarad yn ddistaw am eu cymydog a oedd newydd farw. Tynnwyd y sgwrs i ben rhywbeth tebyg i hyn:

"Are you goin' to the funeral, then?"

"When is it, then?"

"Tuesday."

"O na! Tesco's on Tuesday see, innit?"

Felly, wrth ruthro ar frys drwy'r glaw a'r niwl bygythiol i weld fy mam a oedd o bosib yn ei chystudd olaf, dyna fi'n chwerthin hyd at ddagrau. Wn i ddim sut na yrrais oddi ar ffordd y Blaenau. Efallai taw rhyddhad oedd y chwerthin, a'r dagrau a ddilynodd yn ei sgil. Ond cefais deimlad llethol fy mod yn adnabod pob un o'r cymeriadau lliwgar ar y llwyfan a sylweddolais fy mod wedi gweld eu heisiau ers blynyddoedd maith. Ond, er bod gwenwyn gwaed ganddi ac er imi fethu'n lân â'i hadnabod yn ei gwely, ni bu farw fy mam bryd hynny.

Apotropaic

Yn ddiweddar, deuthum o hyd i air hollol newydd imi, gair sy'n esbonio ac, i ryw raddau, yn cyfiawnhau fy nhuedd anaddas ac anghysurus i chwerthin ambell dro ar achlysuron dwys a difrifol. Mae 'apotropaic' yn disgrifio'r modd anghyfleus hwn i fwrw ymaith ddigwyddiadau neu emosiynau sy'n rhy ddwfn, yn rhy frawychus neu'n rhy gythreulig i'w hwynebu ar y pryd. Felly, dyma'r ysbrydoliaeth a'r hwb terfynol a wnaeth i mi fynd at y gwaith ysgrifennu hwn, a mawr obeithiaf y bydd cymaint o wenu ag o wylo i'ch difyrru yn y storïau sy'n dilyn.

Meddyliau Angladdol

Diddorol o beth yw sylwi ar agweddau ar ddefodau marw ac angladdau a sut maen nhw wedi newid neu wedi datblygu dros amser maith. Gwelwyd newidiadau mawr yn y ffordd rydym fel cymdeithas yng Nghymru yn ymdopi â marwolaeth a'i chanlyniadau, heb sôn am ddatblygiadau anymwybodol yn agweddau unigolyn yn sgil profiad bywyd ac ambell garreg filltir ar hyd y ffordd. Os myn Duw, a heb gyfrif damweiniau arswydus sy'n ymddangos yn y papurau newydd neu sy'n digwydd i bobol eraill, gallwch dreulio cryn amser heb gael eich cyffwrdd gan angau yn eich blynyddoedd cynnar. Yn sicr, pwnc tabŵ oedd angau ymhlith fy nheulu i pan oeddwn i'n blentyn yn y Rhondda. Yr unig gliw a gefais fod rhywbeth mawr wedi digwydd i'm Mam-mam oedd gweld parlwr Anti Gwyn heb ei gwely cystudd ynddo a'r asbidistra wedi ei osod yn ôl yn ei briod le ar y ford fach gron unwaith eto. Ni fentrais i mewn i barlwr Anti Gwyn am oesoedd wedi hynny, nac i ystafelloedd tebyg dros y blynyddoedd. Doeddwn i ddim mwy na baban pan fu farw fy nhad a rhyw wyth mlwydd oed oeddwn i pan fu farw fy mam-gu – Mam-mam fel y'i hadwaenid hi gan ei hwyrion. Ni châi plant fynd i angladdau ar yr adeg honno ond mae'n anhygoel o beth na ddywedodd neb wrtha i erioed i ble diflannodd fy nhad a'm Mam-mam. Felly, wrth geisio dygymod â galar, teimlaf yn gryf fod yr angladdau a gollais lawn mor bwysig â'r rheiny a fynychais. Diolch i'r drefn, mae'r rhod wedi troi erbyn hyn. Mae gan bobl agweddau mwy agored heddiw a mwy o gyfleoedd i ddysgu am ddirgelion marwolaeth a bwrw bwganod duon o'r neilltu.

Yr hynaf, a'r cyntaf, o'm hewythrod a'm modrybedd niferus i farw oedd fy Wncwl Tom. Dywedais wrth fy mam ar ôl clywed y newyddion ganddi, "O, 'na drueni!" Ond chwarae teg i Wncwl Tom. Doeddwn i ddim yn agos iawn i'w gangen ef o'r teulu, ond mae cywilydd arnaf ddweud na feddyliais am fynd i'r angladd na hyd yn oed anfon cerdyn bach at Anti Olwen a'm cyfnitherod.

Ond, flynyddoedd yn ddiweddarach, carreg filltir arwyddocaol oedd angladd Seisnig Billie. Cymeriad lliwgar a hen ffrind i deulu rhieni'r gŵr, Martin, oedd Billie, sef Alice Purton, ac roedd hi'n berthynas ddigon pell fel y gallwn gadw hyd braich, fel petai, ar yr achlysur trist hwnnw. Am y tro cyntaf erioed, wrth ddilyn y rhes hir o bobol sobor o'r eglwys, aethom yn hollol anfwriadol at ymyl y bedd yn union pan oedd yr offeiriad yn adrodd y geiriau, "Ashes to ashes, dust to dust". Clywais ddarnau o bridd caled yn taro wyneb yr arch yn giaidd. Fe'm gorfodwyd gan y dorf y tu ôl imi i gerdded heibio i'r pentwr o bridd coch Swydd Henffordd a oedd prin wedi'i guddio dan orchudd o laswellt ffug ar ochr y bedd. Gyrrwyd ias o ofn i lawr fy nghefn wrth imi gael fy ngorfodi i edrych i lawr i'r twll tywyll, amrwd hwnnw. Ond wrth gymryd rhan mewn defod gyntefig o'r fath, fe'm hargyhoeddwyd, er fy lles fy hunan, fod Billie'n farw gorn yn hytrach na dim ond newydd farw, fel petai. Gwelais, i lawr yng ngwaelod y pwll dwfn, focs a chanddo blac pres wedi'i ddifwyno gan fryntni'r bedd. Heb amheuaeth, fe ddychwelwyd Billie i'r ddaear y daeth ohoni. Yn anad dim, nid oedd modd i'r gelain erchyll yn fy nychymyg ddianc o'r fan ddychrynllyd honno. Wedi'r cwbwl, er gwaethaf yr emosiynau dryslyd a chymhleth a brofwn, sylweddolais taw dim ond 'bocs' gwag oedd y tu mewn i'r bocs pren.

JD

It is easier to grieve the loss that we see than the one we imagine...

Thomas Lynch

John (Jack) Davies, neu JD fel y'i henwyd gan fy mrawd hŷn, oedd fy llystad. Dyn tawedog ydoedd a hanfod ei fodolaeth oedd pwll glo Fernhill ar dop Cwm Rhondda lle gweithiai fel is-reolwr am flynyddoedd maith. Arferai fynd i'r Con Club yn hytrach nag i'r Clwb Llafur lleol er mwyn cael peint tawel ar ei ben ei hun neu gyda'i gyfaill ffyddlon, Dai Tomos. Ymddeolodd yn hwyr ac, yn eironig, yn fuan wedyn, bu farw ar Sul y Mamau ar ôl salwch byr. Roeddwn yn fy ugeiniau cynnar ac yn fam i ddwy ferch fach bryd hynny, ac roedd yn ystod yr adeg 'cyn-Billie'. Felly, ni allwn fanteisio eto ar y profiad llesol hwnnw. O ran materion marwolaeth, roeddwn *in denial* llwyr o hyd. Buaswn wedi osgoi mynd sha thre i weld fy mam pan oedd arni f'angen fwyaf, pe gallwn. Hyd hynny, dyna'r agosaf imi fod at ffeithiau oer angau a'r angladd gyntaf imi orfod mynd iddi. Teimlwn ar sawl lefel nad oeddwn wedi paratoi.

Er tegwch i mi, cefais sioc aruthrol wrth dderbyn y newyddion sydyn oddi wrth fy mrawd y bore hwnnw. Doedd neb wedi sôn wrthyf fod JD yn sâl, hyd yn oed, ac yn ôl y sôn, fe gododd o'i wely y diwrnod cyn iddo farw er mwyn gyrru i siop Hettie yn Blaencwm Terrace i brynu pecyn o Woodbines. Ond er mawr warth imi ac wrth wadu sefyllfa druenus fy mam yn llwyr, defnyddiais fy mhlant fel esgus i beidio â threulio gormod o amser mewn tŷ â chorff ynddo. Gadewais y plant gyda'm mam-yng-nghyfraith yn Henffordd cyn gwneud tro sydyn am y Rhondda.

Bu farw JD yn ei gwsg yn ei wely dros dro yn y rŵm genol lawr llawr. Ond erbyn imi gyrraedd, gorweddai mewn arch dderw yn y rŵm ffrynt, y tu ôl i ddrws caeedig. Rhuthrodd ofnau fy mhlentyndod i'm meddwl pan fyddwn yn arfer dringo'r grisiau tywyll, oer gyda'r nos i fynd i'r gwely. Roedd y rŵm ffrynt, y rŵm genol a'r llofft yn waharddedig i mi y diwrnod ofnadwy hwnnw. Wedi ambell ddysglaid o de, dychwelais i Henffordd i gasglu'r plant gan adael fy mam a'm hanner chwaer iau, Mary, a'm brawd hŷn, Glynne, i wneud y trefniadau angenrheidiol.

Wrth fynd heibio, dylwn sôn am y trasiedi a fu bron â digwydd pan aeth Mary, ein brawd Glynne Bach (clamp o ddyn dros ddwy lath o daldra) ac Wncwl Glyn Mawr (dyn bregus, pum troedfedd a thair modfedd ar y mwyaf) i gofrestru'r farwolaeth. Pan oeddwn yn ferch fach, cofiaf fy embaras wrth deithio yn Austin 7 du enfawr JD. Doedd dim car gan neb arall yn y stryd ar y pryd ac eithrio Mr Rhys, Rheolwr Pwll Fernhill, a oedd yn byw yn y tŷ mawr. Yn ei ddyddiau diweddar, prynodd JD A35, lliw *eau de nil*, fel lliw fflem gwyrdd. Ar y diwrnod tyngedfennol hwnnw, roedd y tri ohonynt wedi'u gwasgu i'r car bach a Mary, a oedd newydd basio'i phrawf, yn gyrru. Pallodd y brêcs wrth iddi droi'n sydyn i'r dde a mynd i lawr ffordd ddychrynllyd o serth a chul Upper St Albans – heol sydd mor nodweddiadol o heolydd Cymoedd y De. Stopiwyd y car gan bolyn lamp y tu fas i Glwb Llafur Tynewydd ac achoswyd cryn dipyn o niwed i'r car ond, diolch i Dduw, nid i'r teithwyr.

O fewn yr wythnos ac ar bigau'r drain, gyrrodd Martin a minnau i lawr i'r Rhondda ar fore'r angladd. Wrth nesáu sha thre, cynyddai fy ofn, a phrin y sylwais ar dai'r stryd â'u llenni ar gau nac ar y dorf aruthrol o ddynion yn eu dillad du a oedd wedi ymgynnull y tu fas, yn aros ar gyfer codi'r corff. Y tu mewn, roedd cartre Mam dan ei sang gan wragedd, modrybedd a chymdogion. Gwnâi haid swnllyd ohonynt frechdanau yn y gegin – am ryw reswm, rhaid wrth frechdanau ham i de angladd – tra bod y gweddill yn llenwi'r cyntedd a'r rŵm genol yn gwarchod fy mam rhag… Duw a ŵyr beth! Fe'n derbyniwyd wrth y drws ffrynt gan Mrs Williams, Clyngwyn. Hi oedd yr un a wasanaethai'r pentref yn answyddogol fel bydwraig a'r wraig a drôi'r cyrff heibio. Fe'm hatgoffwyd bod ganddi enw am fod yn awdurdodol.

"O dyna ni, 'te, Mairwen. Your father's in the parlour waitin' for you. O Dduw, an' he's lookin' beautiful. Will you go in now then?" meddai, gan wthio'r gŵr a minnau tuag at y parlwr gyda grym corfforol ei geiriau penderfynol.

"Dim gobaith caneri," meddyliwn. Trwy ddrws y rŵm ffrynt, a thrwy gil fy llygaid, cefais gipolwg ar yr arch dywyll, agored gan feddwl yn llawn braw ei bod yn llawer mwy tebyg y buasai masg erchyll angau arno yn hytrach na llonyddwch dirgel, hardd. Mewn llais yr un mor benderfynol â hithau, atebais ei chwestiwn,

"Na, dim diolch. Rhaid gweld Mam yn gynta." A cherddais heibio iddi â'm trwyn yn yr awyr.

Cefais sioc arall pan welais fy mam druan wedi'i gwasgu i gadair gan y dorf o gydymdeimlwyr o'i chwmpas. Anaml iawn y'i gwelid yn y rŵm genol ta beth, ac yn awr roedd golwg wedi dychryn arni, fel anifail wedi'i gornelu. Doedd Mam ddim yn hoff iawn o fod mewn cwmni mawr ar unrhyw adeg. Menyw breifat a hoffai gadw ei meddyliau yn agos ati oedd hi ac un a gasâi fod yng nghanol y sylw. Afraid dweud, nid euthum i weld corff fy llystad yn ei ysblander angheuol yn yr ystafell nesaf. Arhosais gyda Mam yn ei hofn a'i dryswch ac uniaethu'n llwyr â'r neges yn llosgi yn ei llygaid a oedd yn sgrechian yn yr anialwch, "Be sy'n digwydd? Pwy uffern yw'r bobl hyn i gyd a pham ar y ddaear maen nhw 'ma?" Ond yr unig beth a ddwedodd hi yn uchel oedd, "I'll be oreit as long as I don't hear them sing!" Ond nid oes modd stopio grŵp o ddynion o Gymru rhag canu, heb sôn am pan fo digon ohonyn nhw i lenwi'r Albert Hall.

Yn sydyn, clywsom, a bron na theimlasom, gyffro mawr wrth y drws ffrynt agored. O fewn chwinciad, roedd yr holl dre'n ferw gan y si fod Margaret wedi dod. Fy llyschwaer hŷn oedd Margaret ond doeddwn i erioed wedi cwrdd â hi. Prifathrawes yn Lloegr rhywle oedd hi ar y pryd ac roedd hi'n fenyw od, ecsentrig, yn ôl y sôn. Chofiaf mohoni erioed yn dod i ymweld â'i thad. Beth bynnag am hynny, wrth glywed enw Margaret teimlwn gryndod yn wyneb fy mam a thrwy ei chorff cyfan. Daeth un o'i hymadroddion niferus i'm meddwl: 'Jiawl, it's enough to make you go "hurt"!' Ond yn dawel, eisteddai'n anghysurus, yn dal ei gwynt. Ni symudodd o'i chadarnle yng nghornel yr ystafell ac felly arhosais innau'n llonydd hefyd ar fraich lydan ei chadair. Yn y diwedd, doedd dim achos inni ofidio. Aeth Margaret i dalu'r gymwynas olaf i'w thad dan ofal Mrs Williams, Clyngwyn, cyn iddi dorri moes ac arfer defodau angladdol Cymreig gan ysgubo o'r tŷ yn ei chot ffwr grand i ymuno â'r dorf o ddynion y tu fas. Gwnâi hyn heb gymaint â bwrw cipolwg dros ei hysgwydd ar y ddynes a fu'n wraig i'w thad ers pum mlynedd ar hugain.

Dyn ffein a mawr ei barch yn y gymuned oedd JD yn ôl pawb, ond ffigwr pell ydoedd yn fy mywyd i. Prin iawn y rhannem air â'n gilydd dros y blynyddoedd ac eithrio ambell sgwrs o ganlyniad imi ofyn i Mam am gael mynd mas neu rywbeth o'r fath. Mam: "Well iti ofyn i dy dad." Ond nid fy nhad oedd e, a gwyddwn yn iawn sut y buasai'n ymateb bob tro. Hynny yw: "O na, ma dy fam yn gwpod be sy ora." Ond wrth ddwyn diwrnod hynod yr angladd i gof bellach, rwy'n edifarhau'n arw nad oeddwn yn ddigon aeddfed yn emosiynol ar y pryd i ymuno yn nefodau angladd dwys y dydd. Wedi'r cwbl, pwrpas defodau o'r fath yw ein dysgu a'n cynnal trwy gwmwl y diwybod a phoen profedigaethau.

Pwnc i'w osgoi yw marwolaeth yn y byd sydd ohoni heddiw. Mae angladdau yn tueddu i fod yn fwy clinigol, wrth inni adael i'r 'awdurdodau' – yr ysbytai a'r trefnwyr angladdau – ddelio â'r broses o farw a chanlyniadau hynny. Ond cynhebrwng mawr clasurol Cymreig oedd angladd JD. Cyfyngwyd y gladdedigaeth i ddynion yr adeg honno, wrth gwrs. Mae'n drist, felly, nad achubais ar y cyfle i fwrw fy llid, nac i archwilio fy emosiynau cymhleth a'm hofnau dyfnaf, nac i gladdu fy siomedigaethau gydag ef. Ond cafodd Martin, fy ngŵr o Sais, brofiad hynod ac unigryw iddo. Yn ystod gwasanaeth byr gan y Parchedig Lewis, fe arhosodd Martin gyda'r dorf o ddynion a Margaret y tu fas ar gyfer defod codi'r corff (a aeth, yn symbolaidd, trwy'r ffenest ffrynt), cyn i'r orymdaith enfawr gychwyn i lawr i 'Erw Dduw' ar lethrau serth Treorci. Hyd heddiw, mae ganddo ar ei gof ddelwedd fythgofiadwy o res ddiddiwedd o ddynion yn eu gwisgoedd galar a ymestynnai i fyny i'r bryn ac ar hyd y llwybr cul tuag at fedd JD (a'i wraig gyntaf!). Ar y llaw arall, roedd rhaid i mi fodloni, yn ddiweddarach, ar dair colofn lawn yn y *Rhondda Leader*.

Ond ni ddaeth y diwrnod i ben gyda drama a chanu rhyfeddol y defodau claddu chwaith. Yn gwbl groes i'r disgwyl, daeth Margaret yn ôl i'r tŷ ar gyfer y te angladd o frechdanau ham a samon tun. Diolch i'r drefn, cyraeddasai Susan Owen, hen ffrind ysgol Mary, mewn pryd i achub y cam. Gellid dweud bod gan Susan feddwl mawr ohoni'i hun erioed ac un uchel ei chloch oedd hi hefyd. Gadawsai ei chartref digon cyffredin yn Lower St Albans, yn ogystal â gweddill ei hacen o'r Cymoedd, er mwyn codi ei statws yn y byd drwy symud i Gaerdydd. Gyda llaw, erbyn hyn, mae hi wedi priodi ag Americanwr cyfoethog ac yn byw yn Efrog Newydd. Ond chwarae teg, roedd hi'n ffrind ffyddlon i Mary a llwyddodd hi'n llwyr i reoli sylw Margaret yn ystod ei hamser byr, ond annifyr, yn y tŷ. A pha ryfedd, mewn gwirionedd. Adar o'r unlliw...

Gellid clywed eu lleisiau uchel a'u hacen Middle England drwy'r tŷ ac, yn sicr, o'r gadair yng nghornel y rŵm genol lle eisteddai Mam a minnau. Wedi cryn amser a deimlai fel oriau, rhoed pen ar y tensiwn trydanol, llethol gan ddatganiad terfynol Margaret. Troes Margaret at Mary, edrych i fyw ei llygaid a dweud wrthi, "Oh Mary dear. It's bin so wonderful to see you. You look just like Deddy. We simply must keep in touch." Wedyn, rhuthrodd drwy'r drws ffrynt, a'i thrwyn yn yr awyr. Afraid dweud nad oes neb wedi ei gweld yn y Rhondda byth ers y diwrnod rhyfeddol hwnnw.

Yn ein tro, gadawodd Martin a fi i gasglu'r plant yn Henffordd. Er y rhyddhad wrth adael, teimlwn yn anesmwyth. Rhywle yn nyfnder fy nghalon, gwyddwn imi fod ar fy ngholled o ganlyniad i farwolaeth JD. Tybed ai fy mai i oedd pob cyfle a gollwyd dros y blynyddoedd? Yn ôl Mary, roedd ychydig o bendroni o fath gwahanol ym meddwl Mam. Wedi i'r perthnasau a'r cymdogion olaf adael, troes fy mam at Mary gan ddweud trwy ei dryswch amlwg, "Beth yn y byd fyddwn ni'n neud nawr, 'te?" Ar ôl ychydig, torrwyd y tawelwch ganddi eto wrth iddi awgrymu, "'Nawn ni gwilt, ife?"

Blod

Do not go gentle into that good night...
Rage, rage against the dying of the light.

Dylan Thomas

"Nefoedd wen! Fancy Blod dyin' in bloody Aberystwyth," meddai Wncwl Islwyn wrth glywed bod ei chwaer, fy mam, wedi marw. Bu farw hithau un mlynedd ar hugain wedi marwolaeth ei hail ŵr, JD. Hithau, hefyd, oedd y gyntaf o gynhaeaf ffrwythlon ymhlith hen do'r teulu gan Angau'r Medelwr dros gyfnod cymharol sydyn. Gyda hwy, roeddwn wedi colli cymeriadau cryfion a hanes cyfoethog ein gorffennol. Pobol a gerfiwyd gan gyni a chaledi oes ryfeddol cymoedd de Cymru, a chanddynt hiwmor arbennig, mor ddu â'r pyllau y gweithient ynddynt. Ond yn fwyaf arwyddocaol yn achos Mam, roedd yn adeg 'ôl-Billie'. Rhywle ar hyd y ffordd, roeddwn wedi darganfod taw cyfartal yw ofnau marw ac ofnau byw. Gellid dweud fy mod bron â bod yn selog dros angau gan fy mod erbyn hynny wedi derbyn hyfforddiant i weithio fel cynghorydd galar yn yr hosbis leol. Doeddwn i ddim yn un o'r rheiny a fuasai'n croesi'r stryd er mwyn osgoi wynebu person a oedd newydd gael profedigaeth. Roedd ymadawiad fy mam, Blodwen, felly, mewn cyferbyniad llwyr ag un JD.

Ar un o'i hymweliadau rheolaidd â'm hanner chwaer Mary, sydd wedi byw yn Bow Street ers ei dyddiau coleg, fe gafodd Mam lawdriniaeth yn Ysbyty Bronglais, Aberystwyth. Menyw bragmatig, oddefol oedd Mam. Cyfaddefodd yn nes ymlaen iddi gael sigled wrth ein gweld ni a'i hwyresau, a oedd wedi teithio o bell, yn sefyll o gwmpas ei gwely ar y diwrnod cyn ei llawdriniaeth. Ond unwaith eto, daeth Mam trwyddi'n iawn a threuliais wythnos gyda hi wrth iddi gryfhau yng nghartre Mary pan oedd Mary a'i theulu wedi mynd i ryw gynhadledd academaidd yn Sweden. O ystyried cymeriad annibynnol Mam, roedd Mary a hithau'n deall ei gilydd yn iawn ond doedd Mam a minnau ddim wedi cyd-dynnu cystal dros y blynyddoedd. Felly, cefais gyfle unigryw i dreulio amser gyda hi a dangos ychydig o werthfawrogiad ac amynedd tuag ati o'r diwedd. Cawsom wythnos braf a dymunol gyda'n gilydd yn gwneud croeseiriau, ac yn gyrru ar hyd cyffiniau Aberystwyth yn profi caffis hyfryd yr ardal, ac yn arbennig ei hoff un – Caffi Rhydypennau, Bow Street.

Ond yn anffodus, cafodd Mam strôc go ddifrifol yn fuan wedi i Mary druan ddod sha thre a threuliodd amser mewn

Blod, fy mam,
Guildford, 1930au

ward achosion brys yn Ysbyty Henoed Ffordd y Gogledd yn Aberystwyth. Er gwaethaf caredigrwydd y nyrsys, roedd y lle yn nodweddiadol o hen ysbytai Prydain y dydd – ysbytai â wardiau dychrynllyd o fawr a swnllyd, yn llawn hen bobl druenus yn gweiddi, yn crio neu'n chwyrnu'n gegagored. Nid lle dymunol i ymweld ag ef ydoedd, felly. Ond diolch i'm hagwedd newydd at brofiadau bywyd, a salwch a thranc yn benodol, fe fwynheais y bererindod wythnosol o Swydd Henffordd i Aberystwyth i ymweld â hi. Eisteddwn wrth erchwyn ei gwely am awr neu ddwy mewn distawrwydd llwyr cyn troi sha thre eto. Roedd hi'n bodoli mewn rhyw dir neb, ac weithiau buaswn yn torri'r mudandod cysurus â darn o newyddion dibwys, heb ddisgwyl, na chael, unrhyw ymateb ganddi. Ta beth, cofiaf un tro pan waeddodd nyrs arni wrth iddi gerdded heibio: "Hey, c'mon Blod, your daughter's come all the way from Ross-on-Wye to see you," er imi apelio'n dawel: "Gad lonydd iddi." Ond, er syndod imi, dyna fy mam yn llygadrythu am eiliad mewn ymateb i'w llais hi, heb weld dim, fwy na thebyg, cyn ymlacio'n llonydd ar ei chlustog unwaith eto. Meddyliai Mary ei bod yn gywilydd o beth i'r nyrs gyfeirio at Mam fel Blod, ond rhaid cyfaddef, roedd hi'n effeithiol iawn. Ni chlywsom siw na miw oddi wrth Mam yn ystod y tri mis nesaf.

Deuthum yn gyfarwydd iawn â'r alwad frys achlysurol, yn ogystal â thro'r tymhorau, wrth ruthro i Aberystwyth, mewn gofid, i ymweld â hi. Erbyn cyrraedd, buasai Mam yn iawn, bob tro. Ond wrth gwrs, fe ddigwyddodd yr anochel yn y pen draw. Wedi cyrraedd yr ysbyty ben bore am y tro olaf, daethom o hyd i Mam mewn ystafell sengl – arwydd heb eiriau taw dyma ddechrau'r diwedd. Roedd yn sioc i'w gweld mewn cyflwr cythryblus, a'i llygaid ar agor led y pen, yn rhythu'n wyllt yn syth o'i blaen. Penderfynais beidio â gadael ei hochr tan y diwedd. Mewn cyferbyniad llwyr, nid un sy'n ymdopi'n dda â theimladau mawr o unrhyw fath yw fy mrawd Glynne. Cafodd ef lifft o'r Rhondda i'r ysbyty a phan gyrhaeddodd erchwyn gwely Mam, ac ar ôl eiliad o fudandod llethol, gwaeddodd ar Mam mewn modd hanner ffordd rhwng dig a dychryn: "Oi, w'at you doin' lyin' there, girl? C'mon, things to do!" Rhuthrodd o'r ystafell mewn dryswch a helynt pur tra clywodd y gweddill ohonom anadlu cynhyrfus Mam yn lleddfu am funud a gweld golwg syn yn bwrw dros ei hwyneb. Treuliais oriau olaf y diwrnod hir hwnnw gyda Mam, yn ei hannog yn dawel: "Paid â phoeni. *Dwi* ar yr ochr yma gyda ti ac maen *nhw* ar yr ochr draw yn aros amdanat ti." Fuaswn i ddim yn cyfaddef hyn i lawer, ond teimlwn fod fy nhad yn un o'r rheiny a ymgynullai yng nghornel yr ystafell a oedd yn cyflym dywyllu.

Mae'n dal i'n hala fi'n grac fod y nyrsys wedi fy mherswadio i fynd sha thre gyda Mary i gael hoe fach. Gadewais yr ysbyty tua un neu ddau o'r gloch y bore wrth i nyrs addo rhoi gwybod inni'n syth am unrhyw newid yng nghyflwr Mam. Wrth ddringo'r grisiau i ystafell Mam yn gynnar iawn y bore wedyn, dywedodd Mary'n obeithiol: "I bet she's sat up on her pillows having a cup of tea." Nid felly y bu. Clywsom synau rhedeg a phrysurdeb taer y nyrsys ac un yn sibrwd: "Merched Blod sy 'ma!" Fferrodd fy ngwaed a syrthiodd fy nghalon. Roedd y diwedd wedi dod.

Wedi i'r anghrediniaeth, y dicter a'r euogrwydd ostegu ychydig, troes Mary a minnau at ein rolau naturiol – Mary, y trefnydd a'r brif weinyddwraig, a minnau'r gyfarwyddwraig artistig. Dechreuodd y ddrama.

Act 1
Trefnydd Angladdau
Dilynwn i Mary fel ci bach wrth iddi drefnu'r holl waith papur yn yr ysbyty. Roedd pwysau arnom i ddod o hyd i drefnydd angladdau yn glou. Dywedodd Mary ei bod hi'n gwybod am un yng nghanol y dref ond wedi cyrraedd yr adeilad fe'n trawyd gan wirionedd noeth marwolaeth. Nid oedd fawr mwy nag ogof goncrit ar un o heolydd cefn troellog a swnllyd y dref. Roedd fel y bedd, yn dywyll, yn oer ac yn ddigroeso. Deffrais o'm llesmair gan ddatgan yn bendant: "Na! Dyw Mami ddim yn dod fan hyn."

Dros ddisgled boeth o goffi cryf gartref, cofiodd Mary fod trefnydd angladdau ar y ffordd i'r Borth, yn Llandre. Roeddem yn unfryd erbyn hynny na ddylai Mam gael ei hysgytian i lawr yr holl ffordd i'r Rhondda a chael ei chladdu ar ei phen ei hun mewn bedd ar wahân i JD a'i wraig gyntaf. Yn fuan, roeddem yn sefyll y tu fas i dŷ crand Brongenau Hall, a chanddo, wrth y giât haearn gyr fawr, arwydd rhyfeddol yn dweud 'Gwely a Brecwast' ac oddi tano mewn llythrennau llai, 'Trefnydd Angladdau'. Braidd yn ansicr oeddem, felly, wrth nesáu at y drws ffrynt mawr â'i gnocar pres gloyw. Agorwyd y drws gan Mr Trefor Evans a roddodd groeso cynnes inni wrth iddo ein harwain drwy'r cyntedd enfawr at y *drawing room*. Lle moethus, tawel a llonydd ydoedd â charped trwchus, glas golau drwyddi draw. Esboniodd Mary ein sefyllfa. Ond hanner ffordd drwy'r *niceties* fel petai, fe'm cydiwyd gan bwl o ddicter, neu rwystredigaeth, o bosib. Yn gwbl annodweddiadol ohona i, fe es i dros ben llestri'n llwyr a chlywais fy hun yn dweud yn ymosodol:

"Faint bydd hyn i gyd yn costio felly, Mr Evans? Dwi'n hollol yn erbyn gwastraffu arian da ar eirch derw wedi'u goraddurno â phres trwm a rhoi'r cwbl lot i bydru mewn pridd du. Beth am gardbord neu *papier mâché*? Ydych chi'n gallu darparu rwpeth fel 'na?"

Roeddwn o flaen fy oes unwaith eto. Wedi hir ystyried mewn tawelwch dwys, atebodd Mr Evans yn dyner:

"Gyda phob parch, Mrs Thorne annwyl, I can go along with you concerning unnecessary expense on a coffin; I can go along with you about the service, mae croeso ichi gael small service yn y capel gorffwys fan hyn; ond na, Mrs Thorne, I can't go along with you as far as an arch of *papier mâché* is concerned!"

Teimlwn braidd yn dwp ond ymbalfalais gam ymhellach. Edrychais i lawr ar y carped glas golau, moethus a chlywed fy hun yn dweud yn ddesbrad:

"Annwyl Dduw! I could do with a cigarette!"

"Diolch byth!" ebychodd Mr Evans gan neidio i'w draed yn

sydyn a chynnig paced o Park Drive inni. Wrth i ni lenwi'r ystafell arbennig i gwsmeriaid a gwesteion â mwg trwchus, a thrwy fy euogrwydd a'm gwarth, gallwn bron â chlywed twt-twtian Mrs Trefor Evans a theimlo anghymeradwyaeth fy mam y tu ôl i ddrws trwchus yr ystafell.

Swydd Mary oedd ffonio'r hen deulu yn y Rhondda. Er i Bopa Cein, chwaer hynaf fy mam, ddweud y byddai'n trafod beth i'w wneud gyda'r pwyllgor cyn gynted â phosib, ni ddisgwyliem i lawer ohonynt fentro ar y daith hir yng nghanol tywydd gwael mis Tachwedd. Chwarae teg, roeddent i gyd yn cyflym heneiddio a'n penderfyniad ni oedd claddu Mam filltiroedd i ffwrdd yn agos at gartre Mary yn Bow Street. Gan nad oedd Mam yn aelod o unrhyw gapel nac eglwys benodol, ac wrth i Mary ddatgan yn angerddol, heb unrhyw reswm: "I don't want the Garn!", penderfynom roi Mam yn gyfan gwbl yn nwylo saff Trefor Evans a'i gapel gorffwys.

Cyfarwyddiadau Llwyfan
Y Blodau
Nid wyf yn un sy'n cytuno ag arfer poblogaidd yr oes sydd ohoni o beidio â chael blodau, er y deallaf yn llwyr y rheswm y tu ôl i'r arfer. Mae'n well gan rai roddi eu harian i elusen benodol, wrth gwrs. Cyffredin iawn heddiw felly yw 'blodau teuluol yn unig', ar gais teulu'r ymadawedig. Ond diddorol o beth yw'r syniad a glywais rywle fod defod y blodau yn symbol pwysig iawn. Yn ôl y sôn, erbyn i'r blodau edwino, mae'r enaid hefyd wedi croesi drosodd. Felly, drannoeth, safem yn hoff siop flodau Mary yn Aberystwyth a chael cyngor, gyda pharch eithriadol o amyneddgar, gan Cefin, y perchennog. Roedd gwledd a phersawr y blodau lliwgar bron yn drech na mi. Ond yn sydyn, fe'm hysbrydolwyd gan awen ryfedd ac fe rois berfformiad fy mywyd wrth imi gyhoeddi'n uchel: "Rhaid i Mam gael *irises* – tri ohonynt – un i ti Mary, un i Glynne ac un i fi. Wedyn, rhaid eu taflu i'r bedd ar ben arch Mam gyda llond llaw o bridd fel symbol o'r byd daearol hwn y daethant ohono!"

Roeddwn yr un mor bendant ynglŷn â'r cyfarwyddiadau cerddorol wrth fynnu cael 'Love Divine' a bod rhaid i'r arch adael i sŵn yr organ yn canu 'Dafydd y Garreg Wen'. O ran gwisg, roedd digon o ddu yn wardrob Mary. Ond roedd rhaid imi fenthyg un o ffrogiau addas Gwen, fy merch, a chot ddu smart ei mam-yng-nghyfraith, a gobeithio y bydden nhw'n cyrraedd Aberystwyth mewn da bryd ar gyfer diwrnod yr angladd. Roeddem yn barod.

Y Gladdedigaeth

Aeth popeth fel wats o'r dechrau i'r diwedd. Roedd yn syrpréis ac yn bleser mawr inni weld rhes o geir yn cyrraedd o'r Rhondda. Ar flaen y gad roedd y modrybedd a'r ewythrod yn gysurus mewn hen Rolls du – yr un un a ddefnyddiais i ar ddiwrnod fy mhriodas, fwy na thebyg. Yn sydyn, roedd cartre Mary dan ei sang o dylwyth y Phillips a'r Armstrongs roeddwn i heb eu gweld ers amser maith. Er gwaethaf tristwch yr achlysur, llenwyd y lle gan chwerthin swnllyd a sgrechiadau o bleser wrth i'r Antis ddatgan: "Wel, wel! These are never your girls, Mairwen fach?" ac yna wrth ferch Mary: "Jiw jiw, Helen fach, look 'ow you've grown too!" Ychwanegwyd at yr awyrgylch swrrealaidd gan fwg Woodbines Wncwl Glyn Mawr a wrthododd dynnu ei gap fflat drwy'r dydd cyfan.

Fe'n sobrwyd yn ddiweddarach gan lais yn dweud: "Blod's 'ere!" Aethom i gyd i'n ceir yn dawel bach, a dilyn yr hers llawn blodau drwy'r pentref i'r capel bach chwaethus yn Brongenau Hall. Teimlwn yn falch ac yn hollol fodlon wrth wrando ar farwnad ardderchog y cyn-gaplan milwrol a drefnwyd gan Trefor Evans. Roeddwn yn hollol hapus hefyd drwy'r darlleniad hyfryd, Corinthiaid XIII, adnodau 1–13. Ond torrodd cri o ddyfnderoedd fy enaid ac, am funud, gwrthodais godi o'm sêt, pan glywais nodau agoriadol hiraethus 'Dafydd y Garreg Wen'.

Y tu fas, cydiais yn nwylo Mary a Glynne am y tro cyntaf erioed gan ddweud o'r galon: "Wel, dyna ni! R'yn ni'n wir blant amddifad, nawr." Arweiniasom yr orymdaith ddethol o alarwyr at y fynwent ar y bryn, gan geisio cadw trefn ar ein *irises*. Wrth nesáu at lan y bedd, torrwyd sobrwydd defod derfynol y dydd gan lais fy merch, Gwen, yn dweud drwy'i dagrau: "O Mum! It's just like the *Thornbirds*." (Cyfres Awstralaidd ffantastig ar y teledu yn y 1970au, gyda Richard Chamberlain ifanc yn serennu ynddi fel offeiriad Catholig golygus. Cofiais y ddelwedd bwerus o res o alarwyr gyda Richard Chamberlain yn y blaen, a'i wisg ddu hir yn chwythu yn y gwynt, yn cerdded ar y gorwel tuag at fynwent fach, gyntefig ar ben y bryn.)

Roedd yn ddiwrnod braf, ffres, hydrefol. Wedi'r claddu a rhwysg ac urddas yr hen eiriau 'daear i'r ddaear, lludw i'r lludw, pridd i'r pridd', safwn ar ben y bryn ac edrych i lawr y cwm syfrdanol o brydferth tuag at y môr. Clywais leisiau plant ifainc yn chwarae yn iard yr ysgol gynradd yr ochr arall i wal y fynwent ac, am eiliad, fe deimlais holl amrywiaeth rhyfeddol y greadigaeth, a'i phoen a'i gorfoledd. Yn sydyn, torrwyd ar draws y tangnefedd arallfydol hwnnw gan sgrechian tair jet ymladd yn hedfan fel saethau drwy'r awyr las ac Alwyn, cymydog tawel a sobr Mary, yn dweud: "Wyddwn i ddim i chi drefnu *fly-past*!"

Yr Act Olaf

Yn ôl yng nghartre Mary, ac yn ôl yr arfer, dechreuodd y cyffro a'r sŵn sgwrsio, yr yfed a'r bwyta. Gwnâi'r dynion eu hunain yn gysurus yn y rŵm ffrynt gyda'u cwrw, brechdanau ham a mwg Woodbines Wncwl Glyn. Gwasgodd y merched i gyd i'r gegin rhag colli unrhyw glecs neu newyddion o bwys. Fel y disgynnodd y llen olaf ar y dydd, roedd yn drist iawn gweld pob un yn gadael yn ei dro. Ond diolch i ddefodau a chanllawiau angladdol i'n harwain, ailgyneuwyd a chryfhawyd rhwymau teuluol a oedd wedi llacio dros y blynyddoedd. Yn y tawelwch a adawsant ar eu hôl, meddyliais, er na hoffai Mam fod ar flaen y llwyfan, fel petai, y buasai hi wrth ei bodd gyda'i diwrnod mawr bendigedig. Roedd popeth fel y dylai fod.

Glyn, Cein, Tom, Mam, Gwyn ac Islwyn mewn priodas deuluol ar ddechrau'r 1950au

Islwyn ac Iris

Cleddwch y meirw,
A dewch at y cwrw;
Oferedd yw darllen
I ddyn wedi marw.

Anhysbys

Cymeriad rhyfeddol oedd Wncwl Islwyn, brawd fy mam. Dyn byr, tenau, gwydn ydoedd, fel ei frodyr. Roedd ganddynt i gyd nodweddion y glöwr cyffredin – coesau byrion ac ysgwyddau a breichiau cryfion, cyhyrog. Gallai eu hwynebau onglog fod wedi cael eu cerfio o'r ffas lo, a chanddynt rychau a chreithiau gwyrddlas a dystiai iddynt ddioddef bywyd caled dan ddaear. Roedd drws cartre Islwyn wastad ar agor i bob un, yn llawn chwerthin a dadleuon politicaidd tanbaid rhyngddo ef a'i frawd Glyn. Roedd Wncwl Glyn yn löwr cyffredin ac yn aelod o'r NUM ond yn rhinwedd ei statws fel 'swyddog', aelod o NACODS oedd Wncwl Islwyn. Ond eto, roedd ganddo'r ddawn i ddweud llawer mewn gair neu ddau, neu dim ond gyda'i wên gam. Un mawr ei barch yn y gymuned ac, yn sicr, pennaeth pragmatig, call y teulu estynedig ydoedd, ac roedd ei blant yn dwlu arno. Yn wahanol i Iris, ei wraig, roedd Islwyn yn fodlon trafod trefniadau ar gyfer ei ddiwedd pan ddeuai'r dydd. Dewisodd amlosgiad, er bod Iris wedi awgrymu'n dawel y byddai'n well ganddi gael ei chladdu gyda gweddill yr hen deulu. Mynnodd Islwyn, "There's no bugger there, ychan! A sai'n mo'yn blydi blodau chwaith. Gwastraff arian da. Does dim ots 'da fi, chuck me anywhere!" Er gwaethaf hyn oll, yn ôl y sôn, roedd Wncwl Islwyn yn un ffwdanus dros fanylion defodau a safonau ymddygiad ac roedd ei air yn ddeddf. Yn ei farn ef, heb os nac oni bai, lle menywod oedd yn y "bloody 'ouse" adeg angladd, a'i brif gas beth oedd yr hers yn cyrraedd yn gynnar.

Er bod Iris wedi bod yn wael ers blynyddoedd, bu farw Islwyn yn sydyn – oriau'n unig ar ôl cyrraedd Ysbyty Llwynypia lle'r oedd e'n ceisio rheoli pob un a phob peth hyd at ei wynt olaf. Erbyn hynny, roeddwn wedi hen arfer â moesau a defodau angladdau Lloegr, sef angladdau a oedd yn agored i fenywod. Felly torrodd fy chwaer a minnau, yn hollol anfwriadol, un o reolau sylfaenol Wncwl Islwyn wrth inni fynd yn syth i'r *crem*. Teithiodd Mary o Aberystwyth a Martin a minnau o Swydd Henffordd. Teimlem ei bod hi'n gall felly inni gwrdd â'n gilydd yn yr amlosgfa ym Mlaenau'r Cymoedd gan fod ein brawd Glynne wedi gwrthod lifft o'r Rhondda. Dywedodd wrthym y byddai'n well ganddo fynd i'r "ouse' ac wedyn cael lifft gyda'r bois. "There'll be time for a quick pint on the way, then, see!"

Diolch byth, cyrhaeddom cyn yr hers gyda'r arch ac arni un dorch fach, yn ôl y sôn – consesiwn bach a wnaeth Wncwl Islwyn. Wrth ddilyn y prif alarwyr i mewn i'r amlosgfa, teimlwn yn drist iawn o weld Gwynne, fy nghefnder, mor ddioddefus wrth ochr Wncwl Glyn, gan ryfeddu ar yr un pryd pam nad oedd y cyfnitherod yno. Eisteddem yn yr ail res y tu ôl i Gwynne, yn ymwybodol o sŵn llusgo traed a phesychu pobol wrth iddynt lenwi'r seddau y tu ôl i ni. Edrychwn ymlaen at yr emyn gyntaf, fy hoff un, 'Gwahoddiad' (Lewis Hartsough, *cyf.* Ieuan Gwyllt, 1822–77), er fy mod, a dweud y gwir, yn dwlu ar unrhyw emyn sydd â'r gair Calfarî ynddi. Ond wedi'r rhagarweiniad hyfryd gan yr organ, cefais fy mwrw gan rym sain lleisiau holl gorau meibion y Rhondda Fawr, fel petai. Methais ag agor fy ngheg o gwbwl, a syrthiodd Gwynne druan yn ôl i'w sedd, a rhoi ei ben yn ei ddwylo. Wrth i sŵn gogoneddus y tri 'amen' terfynol godi ac atseinio o'n cwmpas, bwriais gipolwg y tu ôl imi. Yr olygfa a drawodd fy ngolwg oedd môr aruthrol o siwtiau duon a chrysau gwynion yn llenwi'r amlosgfa ac yn ymestyn drwy'r drws. Doedd yr un fenyw i'w gweld yn y gynulleidfa ac eithrio Mary a minnau.

Teimlwn braidd yn nerfus wrth yrru ar draws yr hen New Road i Gwm Rhondda a chartre Islwyn ac Iris a swatiai'n glyd ym Mlaencwm. Wedi'r cwbl, er y cardiau Nadolig rheolaidd, doeddwn i ddim wedi bod ym Mlaencwm ers priodi, ac roeddwn wedi torri 'Cyfraith Islwyn' gan beidio ag aros yn yr "ouse' gyda gweddill y menywod. Ai fi fyddai Margaret y genhedlaeth nesaf, tybed? Ond er mawr ryddhad imi, wrth wasgu drwy'r coridor cul llawn pobl i'r gegin gefn, fe glywais un o'r Antis yn datgan, "Mairwen sy 'ma!" mewn modd a oedd yn cyfleu nad oedd hynny'n rhywbeth anghyffredin nac annisgwyl o gwbwl. Teimlwn mor ddiolchgar wrth inni gael ein croesawu fel pob un arall. Yn nes ymlaen, roedd Martin, Sais diniwed o gefn gwlad Swydd Henffordd a safai ben ac ysgwydd uwchben gwŷr eraill y teulu, ac eithrio Glynne fy mrawd, wrth ei fodd yn cael ei gyflwyno i blcserau yr Hendrewen – yr unig dafarn ym Mlaencwm. Er gwaethaf yr amgylchiadau anffodus, roedd yn braf bod yn ôl yng nghalon y teulu.

Erbyn hynny, roedd Anti Iris yn gaeth i'r gwely yn y rŵm ffrynt. Gan ei bod mor wael, dibynnai Anti Iris yn llwyr ar Wncwl Islwyn a'i phlant am bopeth. Ar ben hynny, fe fu farw Islwyn yn yr ysbyty ac ni chafodd Iris gyfle i weld ei gorff. Yng ngwir ddull y Phillipsiaid, roedd eu merch Sheila wedi dweud wrth ei thad yn blwmp ac yn blaen: "You know I love you to bits, Dad, but I don' wan' to see you when you 'ave gone. Oreit?" Ond roedd rhaid i Iris gael tystiolaeth bendant fod Islwyn wedi marw. Fel arfer, ni welai neb Iris heb wên ar ei hwyneb na'i gwefusau'n chwerthin ond ar ddiwrnod angladd Islwyn roedd hi'n gythryblus ofnadwy ac roedd yn yr un stad drist pan ymwelom â hi wythnosau'n ddiweddarach. Wrth reswm, ni allai ddygymod â'i cholled o gwbl. Bu hithau farw bedwar mis ar ôl Islwyn a chredai ei phlant iddi farw o dorcalon. Roedden nhw'n deall hefyd fod y gymdeithas wedi colli dau gymeriad mawr yn eu rhieni annwyl.

Y tro hwnnw, o barch i Islwyn ac Iris, aeth Mary, Martin a minnau i wasanaeth codi'r corff yn y dre, cyn dilyn yr hers, yn llawn dop o flodau, i fynwent Treorci lle claddwyd Iris yn y bedd a agorwyd ar ei chyfer, a lle'r oedd llwch Islwyn yn aros amdani.

Glyn

"O, he was a rock for us afta Mam an' Dad went," meddai fy nghyfnither, Eirwen, pan ffoniodd gyda'r newyddion fod Wncwl Glyn wedi marw'n sydyn. Yr ieuengaf o'r ewythrod oedd Glyn – dyn bychan, eiddil braidd, diolch i weithio dan ddaear a smocio Woodbines ers bore oes. Ta beth, fel gweddill y llwyth, roedd yn meddu ar gymeriad ystyfnig, cryf a doniol a welsom yn ei farnau politicaidd ac yn ei wên chwareus o dan ei gap fflat. Heblaw am y dadleuon ffyrnig gyda'i frawd hŷn, Islwyn, roedd yn ddyn ffraeth, chwim ac roedd yn gynnil ond yn bigog ei eiriau. Pan gwrddais ag ef adeg angladd Mam wedi blynyddoedd heb weld ein gilydd o gwbl, yr unig beth a ddywedodd wrthyf oedd: "Oreit, Mairwen fach?"

Ar ôl i Islwyn farw, yn dawel iawn, ysgwyddai Glyn Mawr holl gyfrifoldebau pennaeth y teulu wrth i bob un droi ato am air call o bryd i'w gilydd. Erbyn hynny, roedd Iris wedi symud i fyw gydag Eirwen a'i theulu lan yr heol, rownd y tro o gartre Glyn. Ar yr un pryd bob dydd, byddai'n cerdded i mewn, eistedd wrth wely claf Iris yn y rŵm ffrynt a dweud wrth Eirwen: "Reit, you go an' see to yours now. I'll sit with 'er!" Ac yn fuan wedyn, roedd ef yno tra bod Eirwen, Sheila a Gwynne yn ceisio dygymod â cholli eu rhieni, un ar ôl y llall, o fewn cyn lleied o amser.

A bod yn hunanol, rhaid cyfaddef imi deimlo'n drist iawn o glywed y newyddion bod Wncwl arall wedi mynd, a minnau newydd geisio ailafael yn fy ngwreiddiau. I raddau helaeth, dilynodd angladd Wncwl Glyn yr un drefn ag un Wncwl Islwyn – amlosgiad ac wedyn y llwch yn cael ei ddodi yn y bedd a agorwyd iddo ef ac Evelyn, ei wraig, pan ddelai ei hamser hi. Ond er y tebygrwydd yn ei hanfod, roedd newid sylfaenol ar droed.

Megis cynt, gyrrodd Martin a minnau o Swydd Henffordd yn syth i'r amlosgfa ar Ffordd y Blaenau. Beth bynnag, y tro hwn, gyrrodd fy chwaer o Aberystwyth i'r Rhondda er mwyn codi ein brawd, Glynne. Wedyn, roedden nhw wedi ymuno â gweddill y teulu, y cyfeillion a'r cymdogion y tu mewn a'r tu fas i gartref Glyn ac Evelyn ar gyfer gwasanaeth byr. Wrth i bob un droi yn araf at ei gar, dywedodd fy chwaer wrth Eirwen:

"See you back 'ere, then."

"O na!" atebodd Eirwen. "We 'ave all decided. We are comin' with you this time!"

Felly, ar ôl aros hir yn y gwynt ffres y tu fas i'r amlosgfa, fe'n syfrdanwyd wrth weld rhes hir o geir yn cyrraedd ac ynddynt, yn ogystal â'r gwŷr, roedd y cyfnitherod a'r hen Antis i gyd, ac eithrio Evelyn. Wedi'r holl ganu bendigedig a difrifoldeb y ddefod o draddodi'r corff i'r fflamau, roedd yr awyrgylch y tu fas unwaith eto yn ysgafnach nag arfer, diolch i'r merched, os yw'n bosib dweud hynny ar achlysur mor drist. Ond mewn gwirionedd, roedd y cellwair, y clebran a'r mân siarad cyfarwydd yn gyffredin wrth ddelio â galar a theimladau dryslyd mewn sefyllfa gyhoeddus fel hynny, o leiaf ymhlith y galarwyr llai pwysig. Wedi colli'r olaf un o'r hen ewythrod, diddorol oedd sylwi ar ddyfodiad naturiol etifedd haeddiannol Islwyn a Glyn wrth i'm cefnder ieuengaf Gwynne godi'r fantell, fel petai'n benteulu llwyth y Phillipsiaid. Fel mae'n digwydd, roeddwn i'n siarad â'm Anti Gwynfyl pan ddaeth Gwynne atom. Gyda pharch priodol i'r achlysur, roedd am ddweud ffarwél wrthym. "You're neva goin' now, boy!" meddai Anti Gwynfyl. Atebodd Gwynne mewn dull a oedd yn deilwng o'i dad Islwyn a'i Wncwl Glyn gan ddweud heb wên ar ei wyneb: "Wel, I gorra go, see. I gorra 'orse runnin' in Chepstow. But I promise you, Gwyn [nid hyd yn oed Anti Gwynfyl!], I'll stay the 'ole day for yours, oreit!" Roedd wedi dysgu wrth draed y meistri, wedi'r cwbwl!

Ni welai neb eisiau Gwynne ymhlith y dorf o bobol a'r llwyth o frechdanau ham yn ôl yn y tŷ wedyn, ond trowyd tudalen yn hanes y teulu a'i ddefodau a'i arferion ar y diwrnod hwnnw. Er gwell neu er gwaeth, gellid gweld y genhedlaeth nesaf yn araf ddisodli'r hen drefn.

Jake

Ers claddu Mam, roeddwn wedi cadw mewn cysylltiad agosach â'r hen deulu yn y Rhondda, yn arbennig fy hoff Anti – Gwynfyl, neu Gwyn fel y'i hadwaenir. Pan oeddwn yn fy arddegau trafferthus, siaradwn â hi am fy mhroblemau a'm cyfrinachau di-rif mewn modd nad oedd gobaith gen i wneud gyda Mam. Felly, roedd yn braf cael cyfle eto i drafod yr hen ddyddiau a chlywed mân betheuach, weithiau nid oedd mwy na hanner brawddeg, cyn iddi ddrysu arni. Braf, hefyd, oedd cael ganddi ddelweddau newydd o gymeriad glân fy nhad a'i berthynas gariadus â Mam. Wrth heneiddio, treuliai Gwyn fwy o'i hamser yn y gorffennol nag yn y presennol. Ac er gwaethaf y dreser llawn dop o ffotograffau teuluol, nid oedd llawer o sôn am ei theulu estynedig hi. Yng nghefn fy meddwl, roeddwn yn ymwybodol fod pethau'n ddrwg rhwng gwahanol aelodau'r teulu o bryd i'w gilydd. Gwyddwn oddi wrth eraill y gallai Anti Gwyn fod yn fenyw benstiff dros ben tra bod Wncwl Jake yn ddyn tawel, tyner ac, yn ffodus, yn ddyn goddefol. Yn ôl y sôn, ni siaradodd Anti Gwyn â Jake am flynyddoedd ar un adeg, er eu bod yn rhannu cartre a rhannu gwely o hyd. Pan ofynnodd hi i'w merch Barbara beth hoffai'i gael fel anrheg briodas, atebodd Barbara o'r galon: "Licwn iti siarad â fy nhad." A dyna a wnaeth hi, chwarae teg iddi.

Mewn gwirionedd, roeddem wedi dod i arfer ers amser hir â'r ffaith fod Wncwl Jake yn marw fesul tipyn o lewcemia, yn ei ffordd dawel nodweddiadol. Ond yn sydyn, cawsom alwad ffôn oddi wrth Brenda, merch ieuengaf Anti Gwyn, a'r newyddion bod Wncwl Jake yn wael iawn yn yr ysbyty, lle bu farw rai dyddiau wedyn. Clywsom yn ddiweddarach nad oedd Anti Gwyn na Brenda wedi torri gair â Barbara, na'r drydedd ferch, Pat, ers tua ugain mlynedd. Yn ôl y sôn, ac yn drist iawn, roedd Barbara a Pat yn ymweld â'u tad yn yr ysbyty gyda'r nos er mwyn osgoi cwrdd â'u mam a'u chwaer yno. Hyd heddiw, wn i ddim beth achosodd y rhwyg rhyngddynt ac wrth inni siarad yn aml dros y blynyddoedd nesaf, ni allai Anti Gwyn gofio chwaith. Ond, wrth reswm felly, gellid disgwyl tân gwyllt ar ddiwrnod angladd Jake. Yn sicr, angladd dramatig o fath hollol wahanol ydoedd.

Roedd Jake a Gwynfyl yn byw mewn fflatiau dan ofal Capel Seilo ar adeg ei farwolaeth. Buasai'n anodd i arch Jake adael yn draddodiadol o'u cartref ar drydydd llawr yr adeilad, felly bu'r arch yn aros i'r gynulleidfa yng Nghapel Seilo i lawr y bryn ar y brif stryd. Y tro hwnnw, roedd Mary, Martin a fi wedi cwrdd â'n gilydd yn nhŷ Glynne. Roedd Mary mewn stad gythryblus o ganlyniad iddi gael problem gyda'i char yn ystod y daith hir o Aberystwyth. Gofidiai'n arw am y daith adref at ei merch Helen a oedd yn dost ac o dan ofal ei thad. Bellach, ni allai danio'r injan hyd yn oed a chyda'r amser yn mynd yn brin, gyrrodd Martin ni i gyd i'r capel yn y Pentre gan ddefnyddio'i holl sgiliau manwfro trwy ffyrdd tagfaol y cwm.

Wedi ychydig o fân siarad y tu fas i'r capel, aethom i mewn gyda pharch sobor i gyfeiliant tyner yr organ a golwg llonydd arch Jake. Wrth ystyried trefn hierarchaidd y teulu dewisom eistedd rywle yn y canol, gyferbyn â'r drws agored, gan edrych o'n cwmpas a gwenu ar yr wynebau cyfarwydd. Cyn hir, cyrhaeddodd Anti Gwyn gyda Brenda a'i theulu. Roedd hi mor drist i'w gweld hi'n edrych mor hen, mor grebachlyd, mor orchfygedig. Ond wrth imi synfyfyrio ar hynny, fe'm deffrowyd gan stŵr a chynnwrf yn y fynedfa ac fe'm syfrdanwyd yn aruthrol wrth weld wyneb Barbara wrth y drws. Doeddwn i ddim wedi'i gweld am flynyddoedd maith ac roedd hi'n awr yr un ffunud â Mam. (Er bod Barbara'n iau na fi, rwyf wastad wedi meddwl am ryw gynllun trwco babis oherwydd fy mod i'n debyg iawn, iawn i Anti Gwyn a Brenda!) Ta beth am hynny, roedd golwg nerfus, ansicr ond penderfynol ar Barbara. Yn reddfol, sefais a chodi fy llaw arni i frysio i ddod i mewn tra bod Anti Gwyn a gweddill y rhes ffrynt yn rhythu'n syth ymlaen yn ôl y disgwyl. Yn ystod yr emyn gyntaf, daeth Barbara, Pat a'u cefnogwyr i mewn. Fe gawn hi'n amhosib canolbwyntio ar harddwch yr emynau na chael cysur o'r darlleniad na geiriau doeth y gweinidog yn ystod y gwasanaeth. Roedd yr awyrgylch yn drydanol wrth i bob un feddwl am sut y buasai'r mab afradlon metafforaidd yn cael ei dderbyn. A fuasai llo pasgedig? Pa un oedd y ddafad ddu chwedlonol, ta beth?

Y tu fas i'r capel, roedd yn braf cael siarad â Barbara a Pat. Gwyddwn i Barbara weithio am amser yn y 'Cwop' yn Nhynewydd, nid yn bell o dŷ Mam. Wedi imi gyfeirio at ei thebygrwydd cryf i'm mam, dywedodd wrthyf iddi dreulio sawl amser cinio gyda hi ac roedd hi wedi dod yn hoff iawn ohoni. Ond, ni welwn unrhyw obaith o gymodi rhyngddi hi a'i mam hi'i hun ar y diwrnod rhyfeddol hwnnw. Roedd yn amlwg fod y gynulleidfa wedi'i hollti'n ddwy, heblaw'r rhai ohonom a hofranai'n lletchwith yn y tir neb rhyngddynt gan geisio peidio â chyfeirio at asgwrn y gynnen. Doedd fy mam, a adwaenid am ei goddefgarwch, ddim gyda fi bellach, nac awdurdod a synnwyr pragmatig Islwyn a Glyn i liniaru'r ffordd ymlaen. Beth bynnag, o fewn dim o dro, cychwynnodd yr hers ar y daith araf i Amlosgfa Glyn Taf. Yn ôl yn y car eto, roeddwn yn ychwanegu at yr holl gyffro wrth geisio dyfalu dros beth, sut, pwy, pam a phryd, ond heb gael unrhyw atebion boddhaol.

O ystyried teimladrwydd tringar y sefyllfa, teimlwn fod Barbara a Pat a'u teuluoedd yn ddewr i gymryd eu lle yn y defodau ffarwél i'w tad. Dyn tawel oedd Jake a fuasai'n osgoi anghytgord ar bob cyfrif. Rhyfedd o beth felly oedd natur ddramatig a chwerw ei ymadawiad i'w orffwysfan olaf. Ni chyfeiriodd neb at y sefyllfa drist wrth sgwrsio wedi'r amlosgiad. Ar yr wyneb, er gwaetha'r dillad tywyll, roedd y mân siarad yn ysgafn, yn gyfeillgar ac yn gwrtais. Ond yn sydyn, roedd y dorf yn ferw o sïon pan gododd y cwestiwn anochel: "Are you goin' back to the 'ouse, then?" Diflannodd Barbara a Pat heb air ac, yn ôl y disgwyl, dihangodd Glynne, fy mrawd, gan ddweud yn benderfynol: "I'll find my own way 'ome, oreit." Buasem wedi cefnogi Anti Gwyn ta beth, yn

Priodas Jane, 1990 (Cein, Mary, Glynne, Jake, Gwyn, Evelyn, Glyn a Helen)

arbennig wrth i Brenda ddweud yn dawel wrth Mary, Martin a fi: "Mother would be so pleased to see you at the house." Er ei bod hi wastad yn braf gweld Anti Cein, Anti Evelyn a gweddill y llwyth a wasgwyd i mewn i fflat fach Gwyn a Jake, ni chawsom ond tro sydyn i geisio codi calon Anti Gwyn ymhlith sŵn clebran a phrepian y dorf. Mae'n rhaid imi gyfaddef hefyd imi weld eisiau Barbara a Pat ar ôl gwneud cysylltiad o'r newydd â hwy. Mewn gwirionedd, teimlwn yn drist drostyn nhw i gyd wrth sylweddoli taw'r drwgdeimlad dwfn parhaol oedd y rheswm, efallai, nad oeddem wedi'u gweld yn yr angladdau teuluol eraill. Ymhlith yr holl fân siarad a'r cwestiynau arferol – "... faint yw oed dy ferched di erbyn hyn, 'te?" – roeddwn yn ei chael hi'n anodd achub ar gyfle prin i hel clecs gyda'r hen deulu. Wedi'r ail ddisgled o de a syrffed o frechdanau a chacennau, teimlwn braidd yn ddesbrad pan ofynnodd un o'r cyfnitherod, yr un mor ddesbrad: "Are you plannin' a 'oliday this year?" Ar y funud honno, diolch i Dduw, clywsom lais tawel ond penderfynol Keith, gŵr o fecanydd ein cyfnither Sheila: "Reit Mary, do you wan' me t'ave a look at your car now?"

Mae diwedd da i'r stori fach hon. Diolch i Keith, cyrhaeddodd Mary sha thre yn ddiogel. Derbyniodd Anti Gwyn ei cholled yn nodweddiadol o'i tho hi, sef yn bragmatig a stoicaidd. Ond yn llawer mwy pwysig, wedi dioddef strôc weddol ddifrifol; wedi torri ei chlun; wedi gorfod symud i gartref hen bobl; er cyfnod lle doedd dim Cymraeg rhyngddi hi a Brenda; a hithau erbyn hyn yn ei hwythdegau hwyr, rwy'n falch o ddweud bod Anti Gwyn a'i theulu wedi cymodi'n llwyr. Maddau? Gair mawr yw 'maddeuant', yntefe?

Helen

Le soleil ni la mort ne peuvent se regarder fixement.

Réflexions ou sentences et maximes morales
La Rochefoucauld

Torrwyd pob rheol natur gan farwolaeth dreisiol, ddirybudd, ddireswm Helen, yn bedair ar ddeg mlwydd oed. Ni fydd mis Mai, y mis a nodweddid fel arfer gan ffrwydrad o egni lliwgar a gobaith creadigol newydd, byth yr un peth. Ni fydd bywyd fy hanner chwaer Mary, mam Helen, yr un peth byth bythoedd, chwaith. Dan belydrau haul mis Mai, collodd Mary freuddwydion a gobaith ei dyfodol pan gladdodd hi Helen.

Roedd yn nesáu at bump o'r gloch un prynhawn Mercher ym mis Mai, a minnau'n clirio fy nesg yn ein swyddfa gartref, pan ganodd y ffôn. Cofiaf, fel ddoe, y sgwrs fer a gefais â Mary, hithau'n fyr ei gwynt braidd a'i llais yn dawel.

Fy nith, Helen, yn 4 oed,
Dydd Gŵyl Dewi, 1985

"Oh hello, Mow! Helen's had an accident. They're taking her up to Intensive Care," meddai.

"I'm coming now," atebais yn ddidaro.

"Oh thanks, Mow." Ond cyn gynted ag y rhoddais y ffôn i lawr, fferrodd fy ngwaed. Gwaeddais dros fy ysgwydd ar Martin: "Mae Helen wedi cael damwain. Dwi'n mynd i Aber." Ta beth, trois i'n lolyn gwirion pur wrth i'm pen a'r ddaear o dan fy nhraed droelli a methais â dod o hyd i'm cot nac allweddi'r car.

"Dere," meddai Martin o'r tu ôl imi. "Fe yrraf i."

O fewn eiliadau, roeddem ar ein ffordd yno. Roedd pob munud a phob milltir o'r daith gyfarwydd o Swydd Henffordd yn ingol o hir. Diolch i'r ffôn symudol newydd, gallem gysylltu â Jane, ein merch, rhag ofn iddi glywed newyddion gan Mary. Ehangwyd ar y cylch bach dwys o gwmpas Helen gan roi gwybod i'n merch arall, Gwen, yng Nghaerdydd am yr hyn oedd wedi digwydd, er na wyddem ond y ffaith foel fod Helen yn yr ysbyty. O'r diwedd, heb unrhyw wybodaeth bellach, a'm calon yn curo fel gordd, dyma ni'n cerdded tuag at yr Adran Gofal Dwys yn Ysbyty Bronglais. Cefais sioc wrth weld Mary a John, ei chyn-ŵr, yn dod drwy'r drws. Doeddwn i ddim wedi gweld John ers iddo adael Mary a Helen ddwy flynedd ynghynt. Ond, wrth gwrs y buasai yno ac, yn sicr, nid oedd yr hen hanes trist yn nhu blaen ein meddyliau nawr.

"Beth sy'n digwydd?" gofynnais i Mary, mor dawel ag y gallwn i.

"Mae'r meddyg ymgynghorol gyda hi. I don't think she's going to make it, Mow." Wrth alw o'r dyfnderoedd holl gryfder disgwyliedig y chwaer hŷn, rhois fy mraich o'i chwmpas a dweud wrthi, heb gael unrhyw effaith arni o gwbl: "Paid â siarad lol. Bydd hi'n iawn, siŵr. Awn ni am goffi sydyn, ife?"

Wrth aros yn dawel yn yr ystafell ymwelwyr, adroddodd Mary rai manylion. Roedd hi mor llonydd, mor realistig, heb obeithion ffals na dychryn a allai fod yn drech na hi. Gofynnodd yn blaen i'r meddyg ifanc yn y ward ddamweiniau: "Ydi'i bywyd hi'n y fantol?" Fel mae'n digwydd atebodd "Nac ydi" ond eisteddai Mary gyda'i holl enaid yn canolbwyntio ar Helen fel petai'n rhannu pob eiliad a phob anadl gyda hi. Rhyfeddaf o hyd at Mary a'r ddelwedd dorcalonnus ohoni yn eistedd yng nghanol y brif ffordd drwy Bow Street yn dal llaw Helen ac yn ei chysuro, funudau ar ôl y ddamwain ar waelod eu stryd.

Ni chofiaf yr un gair a ddywedodd y meddyg wrthym yn ddiweddarach am gyflwr Helen. Ond cofiaf inni gerdded yn fud yn ôl i'r Adran Gofal Dwys – Mary yn ein harwain, sŵn y peiriannau ac wynebau caredig y nyrsys, a'r cipolwg cyntaf a gefais ar Helen. Gwelais ffigwr plentyn, a'i weiren ddannedd gyfarwydd, a oedd yn cyflym droi'n fenyw ifanc hardd. Nid oedd marc arni ac eithrio un clais bach uwch ei hael. Roedd yn anodd dygymod â'r syniad ein bod yn ei cholli wrth i fîp y system gynnal bywyd ddrymio'r eiliadau. Safem o gwmpas gwely cul Helen, yn unigolion unig, yn pallu'n deg â derbyn gwirionedd y sefyllfa. Fi oedd yr un a aeth ar fy mhengliniau pan ddiffoddwyd sŵn bipian y peiriant rhag ein cynhyrfu'n fwy nag oedd rhaid. Ond yna, fel mewn hunllef, wrth sefyll y tu fas i'r ysbyty, teimlem yn bensyfrdan, yn amddifad yn nhywyllwch a thawelwch oriau mân y bore. Ceisiom berswadio John i ddod adre gyda ni, ond roedd am fod ar ei ben ei hun. Wedi'r cwbwl, doedd gan yr un ohonom eiriau a allai liniaru'r boen o golli plentyn, eu hunig blentyn. Yn ôl yn nhŷ Mary, heb drafod na ffwdan, aeth Martin i'r ystafell sbâr, ac euthum innau i rannu gwely dwbl gyda Mary, gan adael ystafell Helen yn rhydd, rhag ofn iddi... Doedd dim modd imi adael Mary ar ei phen ei hun ac ni chysgais i'r un winc wrth wrando ar ei hanadl a cheisio peidio â dychmygu beth oedd yn rhedeg drwy'i meddwl. Tua hanner awr wedi chwech y bore, mentrais awgrymu disgled ac felly y bu dros y pythefnos canlynol – goddef tywyllwch a thawelwch oer y nos gyda'n gilydd ac yn y bore, dros ddisgled yn y gwely, trafod trefniadau'r angladd fesul tipyn, yn ogystal â siarad yn ddi-baid am Helen, ac wylo'n ingol drosti.

Roedd y cyfnod rhwng y ddamwain a'r angladd yn un gwirioneddol ryfeddol ac yn llawn paradocsau. Fel y dywedodd Mary: "Sometimes I just feel as if I'm bursting with emptiness."

Sut gallai sefyllfa mor anobeithiol fod mor obeithiol? Sut gallai hylltra fod mor hardd? Sut gallai rhywun mewn cymaint o boen fod mor llonydd? Wrth roi o'r neilltu fy euogrwydd na allwn wneud pethau'n iawn dros Mary, a'm siom wrth sylweddoli na allai Helen a minnau gael cyfle i feithrin yr un math o berthynas arbennig a gefais i ac Anti Gwyn, deuthum fel ail groen i Mary. Gwyliwn a theimlwn bob symudiad a wnâi, ac uniaethwn â'i phob meddwl, boed iddi leisio'r rheiny neu beidio. Er gwaethaf ei phoen, hi oedd yn rheoli y tro yma ac yn dal llaw Helen o hyd.

Drannoeth, troes Martin tua thre i Swydd Henffordd ac yn ystod y dyddiau nesaf, rywsut neu'i gilydd, wynebai a goroesai Mary fyrdd o emosiynau a phenderfyniadau anodd. Yn araf bach, fe lwyddodd hi i drefnu defod angladdol a fuasai'n talu teyrnged dyner i fywyd Helen yn ogystal ag un a fuasai'n adlewyrchu ei chymeriad bywiog, unigryw. Galwai John am awr neu ddwy bob dydd er mwyn bod yn rhan o'r broses, heb unrhyw anesmwythder nac anghydfod rhyngom. Wrth eistedd y tu fas yn haul braf mis Mai, trafodai John a Mary ryw fanylion ynglŷn â'r trefniadau bob hyn a hyn. Ond yn bennaf, trôi'r sgwrs at bethau ysgafn, cyffredinol, dymunol hyd yn oed, fel hen ffrindiau heb weld ein gilydd ers sbel fach. Yn sicr, nid oedd modd nac ewyllys gan y ddau i gydnabod gwir arwyddocâd yr aduniad nac i rannu eu teimladau personol. Ond, rhaid cyfaddef, parwyd i Mary a minnau godi ael neu wenu'n dawel fwy nag unwaith – er enghraifft, gan gŵyn John druan y dylem ddefnyddio tebot yn hytrach na bod mor wastraffus â rhoi bag te ymhob disgled, o'r cannoedd a lanwyd yn ystod y dyddiau hir hynny cyn yr angladd.

Ymwelydd cyson â ni oedd ein hen ffrind, Trefor Evans, y Trefnydd Angladdau. Fesul diwrnod, roedd gweledigaeth sicr yn ffurfio ym meddwl Mary ynglŷn â'r manylion ac roedd Trefor yn gefn tyner a phroffesiynol i Mary a John wrth iddynt ddod i'w penderfyniadau. Cofiaf iddo alw i mewn un noswaith i ofyn i Mary faint o gopïau o 'Trefn y Gwasanaeth' y dylai eu hargraffu. Awgrymodd Mary: "Hanner cant, efallai, chwe deg ar y mwya?"

"O na, Mary," atebodd. "Dwi'n meddwl y bydd angen llawer mwy na hynny."

Ac felly y bu.

Wrth i'r newyddion ymledu, heidiai llif di-baid o ffrindiau, cymdogion a chyd-weithwyr Mary a Helen i'r tŷ. Deuent mewn grwpiau bach, a dwyn gyda hwy lwythi o flodau, caserolau, cacennau, a hyd yn oed dun o ffa a phacedaid mawr o de Tetley. Prin oedd y sawl a oedd yn ddigon dewr i wynebu Mary ar ei phen ei hun. Er syndod mawr i Mary, daethom i sylweddoli'n gyflym fod marwolaeth Helen wedi effeithio'n drwm ar yr holl gymuned a thu hwnt, wrth i gannoedd o gardiau gyrraedd o bedwar ban byd. Ond er caredigrwydd aruthrol cynifer o bobl, roeddem yn ymwybodol o elfennau cuddiedig o ddychryn ac euogrwydd a'r meddwl anhraethol taw 'Diolch i Dduw nad fy mhlentyn i oedd'. Fe ddeuthum yn brif borthor, yn wraig gwneud te ac yn geidwad y nisiedi papur wrth i Mary uniaethu'n dawel â dagrau ei ffrindiau gyda'i "Dwi'n gwybod, dwi'n gwybod" cysurus. Roedd pawb yn awyddus i wneud rhywbeth, ond eto, nid oedd dim y gallent ei wneud ond aros, fel ninnau, i'r amser fynd heibio, i'r sioc gorfforol ac emosiynol liniaru rhywfaint ar realiti enbyd y sefyllfa a oedd yn araf, araf wawrio ar Mary. Ond beth wedyn? Yn y cyfamser, afraid dweud, doedd dim angen i ni siopa na choginio am gryn amser. Teimlem rywsut ein bod yn goroesi mewn swigen ar wahân i fywyd beunyddiol y byd y tu fas. Ond yn baradocsaidd eto, roeddem yn ymwybodol fod rhyw rym arallfydol, rhyw don o feddwl yn dal Mary a Helen yn ei dwylo.

Na! Doedd dim hanesion doniol i'w hadrodd wrth edrych yn ôl ar stori Helen. Ond wrth ddweud hynny, profem funudau hysterig a gwallgof pur ymhlith y rhai rhyfeddol, ingol ond bythgofiadwy o ysbrydol. Roedd yn syfrdanol pa mor unfryd oedd meddyliau Mary a minnau. Dwysawyd pob teimlad ac emosiwn, a gwelwn i'r eithaf ei galar, ei phoen a'i gorfoledd, yn ogystal â rhannu fflachiadau o loerigrwydd. Un noswaith, tra oedd ein brawd Glynne wedi'i gyfareddu gan hen fideo yn y rŵm ffrynt (*Sister Act* fel mae'n digwydd) roedd Mary a minnau'n siarad ac yn wylo yn y gegin. Yn sydyn, dyma Siân – ffrind da a chymydog ers blynyddoedd maith – yn cnocio wrth y drws cefn. Roedd Siân wedi trefnu parti Pippa Dee na allai ei ohirio yn anffodus. Felly, roedd ganddi lond tŷ o ferched hanner noeth yn gwisgo amdanynt ddillad 'easy wear'. Diolch byth, nid parti dillad isaf ydoedd! Meddyliai Siân efallai y byddai'n tynnu sylw Mary oddi ar ei sefyllfa boenus am ychydig petai'n rhoi cynnig ar un neu ddau ddilledyn ffantastig o'r casgliad. Ofer oedd ceisio gwrthod gwên frwdfrydig ac amcan caredig Siân. Ta beth, wrth i Mary sefyll yn y gegin, yn hanner gwisgo trwser a thop hyfryd, clywsom gnoc wrth y drws ffrynt. Gan adael y gwichiadau a'r piffiau y tu ôl i ddrws caeedig y gegin, euthum mor araf ag y gallwn i'r drws ffrynt. O ystyried yr olygfa ffarsaidd yn y gegin, agorais y drws a gweld, er mawr syndod imi, weinidog ymddeoledig wedi dod i gydymdeimlo. Roedd e'n nabod Helen o'i dyddiau cynnar yn y capel ac, yn ôl y sôn, roedd yn ddyn hynod o barchus. Ceisiwn fy ngorau glas i foddi sŵn uchel *Sister Act* o'r rŵm ffrynt a'r chwerthin hysterig, myglyd o'r cyfeiriad arall. Mor araf ag y gallwn, arweiniais y gweinidog yn ôl i'r gegin. Erbyn imi agor y drws, roedd Siân a'r dillad wedi diflannu a safai Mary, a oedd newydd gau sip ei jîns, yn ceisio cael gwared ar y mwg sigarét!

Mewn cyferbyniad llwyr, un prynhawn, eisteddem yn yr haul cynnes yn ceisio dewis tair emyn o'r cannoedd i'w cynnwys yn y gwasanaeth. Unwaith eto, ni sylweddolem wir arwyddocâd y weithred. Galwodd Mary ar Siân drws nesaf, a oedd wrthi'n rhoi dillad ar y lein. O fewn dim o dro, caem ein llesmeirio a'n swyno gan sain melys, pur llais Siân yn canu detholiad o emynau o'r galon – rhai tyner a galarus, rhai llawn gorfoledd a gobaith – emynau a allai gyfleu'r myrdd o wahanol emosiynau a brofem.

Aeth peth amser heibio cyn i Mary gytuno i gerdded i lawr i edrych ar yr holl flodau ar ochr y ffordd. Mewn gwirionedd, roedd yn gamgymeriad a dim ond cymryd arni a wnâi wrth ddarllen y negeseuon caredig di-rif. Wrth reswm, roedd hi'n ei chael hi'n anodd ymdopi â chymhlethdod ei galar ei hun, heb sôn am ddirnad y rheswm dros deimladau cymuned gyfan, er mor ddiffuant oedd y rheiny. Ar ei phen ei hun yn ei bwbwl personol, ni allai ddeall sut y gallai colli ei merch fach annwyl Helen, a oedd yn ferch gyffredin o 'lan y stryd', ennyn ymateb mor aruthrol. Casglom y cardiau oddi ar y blodau, ac arnynt negeseuon teimladwy, wedi'u hysgrifennu mor ofalus, i'w darllen rywbryd arall. Ond yn eu plith roedd amlen ac ynddi groes aur a nodyn ar ddarn bach o bapur. Ysgrifennwyd y neges gan wraig ddieithr i'r ardal a gafodd ei dal yn y rhes hir o draffig a achoswyd gan y ddamwain. Ac ymhen amser, gyrrodd heibio a mynd yn ei blaen i Fachynlleth lle'r oedd hi'n aros dros nos. Ond cynhyrfwyd hi'n fawr gan y ddelwedd hunllefus o ferch ifanc a'i mam – delwedd a arhosodd yn ei meddwl drwy'r nos. Ar ôl codi drannoeth, gorfodwyd hi i ddychwelyd i Bow Street er mwyn gadael ei symbol bach o obaith, cyn ailddechrau ar ei thaith.

Er inni gael ein lapio'n glyd mewn swigen heb ofod nac amser, doedd dim dianc rhag golau arbennig y wawr ar fore'r angladd. Dros ein disgled arferol yn y gwely, ceisiem, yn ofer, ragweld beth oedd o'n blaenau. Wrth drafod manylion â John pan oedd angen, Mary oedd wedi trefnu popeth bron. Mynnai wneud yr holl alwadau ffôn anodd ei hun, fel yr un i'n brawd Glynne, i weddill yr hen deulu yn y Rhondda, i ffrindiau agos, ac i Trevor Evans, y Trefnydd Angladdau. Cofiaf ein cefnder Gwynne yn dweud wrthyf am ei sgwrs â hi. Roedd newydd glywed y newyddion anghredadwy oddi wrth ei chwaer pan ffoniodd Mary. Gofynnodd Mary'n dawel y cwestiwn syml:

"Will you be coming to the funeral, Gwynne?"

Ond roedd yn sigledig, mewn sioc o hyd, ac er mawr warth iddo, ymatebodd yn wyllt:

"O! I don' know, bach. I'm a bit busy at the moment, see."

"Paid â phoeni," meddai Mary yn gysurlon, ond ychwanegodd: "Os doi di, Gwynne, fyddet ti'n fodlon bod yn un o'r cludwyr?"

O fewn hanner awr, ac yntau wedi dod at ei goed, ffoniodd Gwynne yn ôl. Roedd mor falch ond eto mor ofidus, rhag ofn iddo fethu ymdopi â thristwch ei orchwyl. Tebyg iawn oedd ymateb Alwyn drws nesaf i gais Mary, ac yntau wedi adnabod Helen ers ei geni, wrth iddo wynebu braint a phoen y dasg.

Roedd popeth yn ei le felly, ond, ar un lefel, ni wyddem pam. Teimlem ein bod ar fin rhywbeth mawr, ond beth? Dyma'r dall yn tywys y dall yn agosach ac yn agosach tuag at y ffos. Yn araf deg, llenwid y tŷ wrth i aelodau'r teulu gyrraedd yn eu tro. Ond gallem deimlo elfen o embaras a lletchwithdod. Roedd llawer o'r hen do wedi'n gadael erbyn hyn ond ni ddylai neb orfod cael achos i gefnogi mam o'n cenhedlaeth ni a oedd ar fin claddu ei phlentyn ifanc. Er bod rhaid i Mary ymdopi â gweld ambell ddeigryn anochel y cyfnitherod, teimlem agosatrwydd mynwesol y perthnasau, a'r gymuned gyfan, mewn gwirionedd. Ond roeddem yn ymwybodol nad oedd atal bellach ar y broses ddychrynllyd a oedd yn cyflym nesáu. Yn llawer rhy fuan, tawelwyd y clebran swnllyd wrth i'r geiriau cras a ofnwyd fwrw drwy'r dorf: "Mae'r ceir 'ma!" Nid ynganwyd enw Helen. Nid oedd Mary na minnau wedi gyrru i lawr y stryd ers y ddamwain, ac eithrio ein tro bach i'r dref er mwyn dewis blodau. Yn awr, roedd y drws ar agor i holl ogoniant lliwiau llachar yr haul a'r awyr las yn y blodau a adlewyrchai i'r dim weledigaeth Mary ac ysbryd arbennig Helen. Teimlais siglad bach yng nghorff Mary ac, o'r eiliad honno, mabwysiadwn bersona a chyfrifoldebau ei cheidwad personol, fel petai. Gan gydio ynddi gerfydd ei braich, fe'i hebryngais i'r car cyntaf a sicrhau ffordd glir o'i blaen. Teimlwn ychydig fel CIA Agent yn craffu ar dyrfa er mwyn rhwystro rhai a allai dorri ar draws ei nerth bregus.

Yn ddiogel yn y car gyda Glynne a Martin (a John a'i deulu yntau yn ein dilyn), gallem synnu at yr olygfa ryfeddol a welem yn ystod y daith fer i'r capel. Roedd cymaint o bobol ar hyd y ffordd, gan gynnwys heddwas ifanc, ei helmed o dan ei fraich, yn sefyll dan salíwt. Wedi cyrraedd y capel eisteddem yn anweladwy o hyd y tu mewn i'n bwbwl gwydr yng nghefn y limwsîn du, ac yn cyffroi ac yn gwenu wrth weld wynebau cyfarwydd yn y dyrfa.

"O drychwch! 'Na neis, dyna un o'r nyrsys o'r ysbyty."

"Ie, chware teg, a dyna Mrs Thomas druan, mam-gu ffrind

Helen." Ond roedd clec anochel drws y car yn arwydd inni fentro'n ôl i'r byd real a gwneud y cam nesaf ar y daith.

Wrth ddilyn arch Helen i mewn i'r Garn, roeddwn yn lled-ymwybodol o'r môr o wynebau, yn ymestyn i'r nenfwd, a distawrwydd llethol, ac eithrio tonau tyner yr organ yn y pellter. Ni chofiaf lawer o'r gwasanaeth, ond wedi croeso'r gweinidog, cofiaf inni sefyll yn ddiolchgar i gywair lleddf 'Aberystwyth' Joseph Parry. Ond, caeodd fy ngwddf wrth geisio canu 'Iesu cyfaill f'enaid i' ac wrth ymgodymu â'm dagrau chwerw-felys. Yn sydyn, deuthum yn ymwybodol o sŵn od yn dod o gyfeiriad sedd John a eisteddai yn y sedd ffrynt ar ochr arall yr eil inni. Edrychais heibio i Mary at darddiad y sŵn. Dyna John, a'i fam a'i chwaer, ar eu heistedd o hyd, a'u hwynebau yn eu dwylo. Wrth arwyddo'n ddig ag un llaw, hisiai John arnom o'r tu ôl i'w law arall, "Sit down! Sit down!" Ni chlywswn erioed am arfer angladdol o'r math ac ni welswn yn fy myw'r fath ymddygiad. Er fy mod i'n hoff iawn o ddefodau fel rheol, roeddwn yn barod i herio unrhyw arfer gwag. Erbyn yr ail bennill roeddwn yn canu nerth fy mhen. Afraid dweud, safem yn falch o ran cariad ac anrhydedd tuag at Helen ar bob cyfle wedi hynny hefyd.

Ehedai'r amser yn ei flaen fel breuddwyd ymhlith cysur y canu bendigedig a chynhesrwydd yr haul a dywynnai drwy'r ffenestri mawrion. Deffrais eto i ebwch sydyn yn rhedeg trwy'r awyr wrth inni ddilyn arch Helen tuag at ddrws y capel i gyfeiliant 'Memory', ei hoff gân, a theimlem gefnogaeth arswydus y gynulleidfa gyfan. Ni phallod Mary unwaith. Gyda gwên fach ar ei gwefusau, ei phen yn uchel a'i llygaid yn disgleirio, cymerai gam arall tuag at ben y daith.

Roedd grŵp mawr o blant ysgol wrth fynedfa mynwent Llandre, yn aros yn barchus dawel i'r cynhebrwng gyrraedd. Cerddasom fraich ym mraich i fyny i lechwedd esmwyth cyfarwydd y fynwent tuag at y bedd coch agored. Wrth fynd heibio i fedd Mam, meddyliais: "Dyna pam y claddon ni ti fan hyn, felly." Yn sydyn, roeddem yn edrych i lawr i ddyfnderoedd tywyll y bedd lle gorweddai arch Helen. Cydiais yn llaw Mary ond dywedodd yn bragmatig: "She's not here, Mow." Ond ychwanegodd yn dawel, gyda deigryn bach yng nghornel ei llygad: "Ble mae, felly?" Yn niffyg popeth arall, edrychais i lawr at y dyrfa o bobl yn lledaenu ar draws y bryn cyfan yn awyr ffres, heulog mis Mai. Nid oedd unrhyw obaith cael ateb boddhaol i'w chwestiwn. Ni wyddai neb – neb ar y ddaear hon, o leiaf. Ond cefais y teimlad annaearol pendant y gwyddai Helen y cyfan ac roedd hi'n iawn, rywsut, rhywle. A allwn glywed ei chwerthin chwareus wrth i'r adar ddawnsio uwch ben y coed, y tu hwnt i'n cyrraedd?

Ymhen hir a hwyr, gadawsom lan y bedd. Euthum yn ôl at fy nyletswyddau fel ceidwad Mary gan gadw llygad barcud arni rhag unrhyw ymyrraeth nas dymunai. Ond mewn gwirionedd, roedd Mary wedi codi y tu hwnt i bob poen. Symudai'n araf drwy'r dorf anferth a bron na ellid gweld cylch o olau amddiffynnol o'i chwmpas. Ni welswn mo Mary erioed mor brydferth, mor dangnefeddus. Croesawai a chysurai bob un o'r llif o bobl a ddeuai ati gyda'i gwên wresog. O'm rhan i, roedd marwolaeth Helen wedi siglo fy nghred, sef bod gan ddyn y gallu i wynebu unrhyw helbul ar y ddaear, yn real neu'n afreal. Wrth sefyll a rhyfeddu ar Mary, profwn y paradocs mwyaf. Gwelwn pa mor ddiymadferth, ffaeledig ac eiddil y gall dyn fod ond eto, weithiau, yng nghanol y tywyllwch a'r düwch duaf, fe all gyffwrdd ag angylion.

Yn garedig iawn, mynnodd menywod y capel baratoi te angladd yn festri'r Garn. Roedd yn brofiad swrrealaidd a dweud y lleiaf, ond lleddfwyd pwys y defodau cynharach gan dinc llestri a thegellau'n chwibanu. Cawsom de arall yn ôl yng nghartref Mary. Ond yn y diwedd, o un i un, cychwynnodd y perthnasau ar eu taith hir yn ôl i'r Rhondda a thu hwnt. Unwaith yn rhagor, roeddem ar ein pennau'n hunain, ond y tro hwn roeddem yng ngwacter y tawelwch terfynol. Tua wythnos yn ddiweddarach, gwneuthum y peth anoddaf a mwyaf ingol yn fy myw. Trois innau hefyd tua thre, a gadael Mary yno'n unig gyda'i *Memories*...

Ymholais, crwydrais mewn cri – och alar!
   Hir chwiliais amdani;
   Chwilio'r celloedd oedd eiddi,
   A chwilio heb ei chael hi.

'Galarnad i'w ferch'
Robert ap Gwilym Ddu

Cerid merch, cariad ym oedd,
cynfyl blwng, cwynaf fel blaidd
dwyn hon, nid mi'r dyn a'i haedd,
dawn rhybraff, yn rhy ebrwydd.

'Marwnad i'w ferch'
Ieuan Gethin

Mae'r bedd yn oer, 'rwy'n griddfan o ryw gur,
Fod f'annwyl blentyn yno, wrthi'i hun.

'Marwnad i'w ferch Maria Sophia'
William Williams, Pantycelyn

Cein ac Elwyn

"Some poor bugger will 'ave to shoot you in the end" – dyna oedd sylw Wncwl Islwyn un tro ar hirhoedledd Ceinwen, ei chwaer hynaf ef a Mam, neu Bopa Cein fel y'i hadwaenid gan bawb. Yn sicr, roedd ganddi gyfansoddiad cryf a hi oedd y cyntaf o'r Phillipsiaid i gyrraedd ei phedwarugeiniau. Menyw fawr, fronnog ydoedd a chymeriad hynod o egnïol, cryf ei barn, wastad yn dweud ei dweud yn blwmp ac yn blaen, ond wastad yn gwenu. Ei hoff ymadrodd oedd: "If you gor it, girl, flaunt it", a dyna a wnaeth, gan chwerthin bob tro. Anaml iawn y buasai Mam yn cynnig sylwadau ar ymddygiad unrhyw un, ond eithriad i'r rheol oedd ei barn taw tipyn o fadam oedd Bopa Cein. Ond eto, plentyn canol oedd Mam druan, fel fi. Wedi i Mam-mam farw, neu hyd yn oed cyn hynny mewn gwirionedd, cymerai Cein y rôl fel matriarch y llwyth. Hi oedd yn cyfateb i Islwyn, er y buasai hi'n ildio iddo, yn ôl pob golwg, gan barchu rheolau hierarchaeth unrhyw deulu clòs. Gwnaed hi'n weddw yn ifanc ond bwriodd ymlaen gyda'i bywyd yn ei ffordd frysiog arferol. Clywais yn ddiweddar iddi wneud llawer dros y blynyddoedd i gefnogi pobl ifainc ac eraill a'u hybu i 'fflawntio eu doniau', yn ystyr iawn y gair, gobeithio. Yn sicr, gwyddai Elwyn, ei hunig blentyn, sut i wneud sioe fawr o'i hunan. Roedd hynny'n amlwg yn ei swagro rhodresgar, hyderus, er cryn gythrudd i'm brawd Glynne.

O ystyried natur annistryw Bopa Cein, roedd yn anodd dychmygu bywyd, yn enwedig bywyd cymdeithasol Cwm Rhondda, hebddi. Ond nid oedd angen y llofrudd tâl yn y diwedd. Bu farw fel cannwyll yn diffodd wedi salwch byr, heb ffwdan na chynnwrf, a oedd mor nodweddiadol o'i chymeriad lliwgar. Cynhaliwyd gwasanaeth angladdol hyfryd iddi yng Nghapel Carmel yn Nhreherbert. Ond trwy gydol y defodau cyfarwydd, teimlwn y buasai Bopa Cein, â'i thafod yn ei boch fel un neu ddau ohonom yn y gynulleidfa, yn mwynhau ei hoff emyn 'Calon lân yn llawn daioni'. Codwyd ael neu ddwy hefyd gan y darlleniad braidd yn anaddas a ddewisodd merch ifanc y gweinidog iddi, sef Matthew V, 'Y Bregeth ar y mynydd', a'r geiriau neilltuol, 'Gwyn eu byd y rhai addfwyn, canys hwy a etifeddant y ddaear'.

Er ei phersonoliaeth bositif a'i hagwedd bragmatig at fywyd, doedd Bopa Cein ddim yn fyw i ddioddef angau Elwyn, ei mab, ddwy flynedd yn ddiweddarach. Yr hynaf o'r cefnderwyr a'r cyfnitherod oedd Elwyn, ac yn drist, bu farw o gancr cyn iddo gyrraedd oed ymddeol. Ac eithrio etifeddu ei fag ysgol pan ddechreuais yn Ysgol Ramadeg Pentre, ni chefais lawer o gysylltiad ag ef dros y blynyddoedd, a dweud y gwir. Ta beth, roedd yn achos pryder i glywed y newyddion oddi wrth fy nghefnder Gwynne bod Elwyn wedi marw. "Oreit Mairwen, jyst am gadw ti yn y cylch. One o'clock at the 'ouse then, oreit," meddai. Roedd yn frawychus sylweddoli eto pa mor fympwyol y gall marwolaeth fod, wrth i un o'n to ni ildio i safn angau cyn oed yr addewid.

O ganlyniad i sylweddoli pa mor bwysig oedd fy nhylwyth yn y Rhondda erbyn hynny, teimlwn fod cymryd rhan mewn cymaint o ddefodau teuluol â phosib yn hollbwysig. Ond y tro hwnnw, roedd gan Mary yn Aberystwyth a ninnau yn Swydd Henffordd ymrwymiadau eraill ar ddiwrnod yr angladd a oedd yn amhosib eu gohirio. Sut bynnag, roedd un cynrychiolwr o'n cangen ni ar ôl, sef Glynne. Fe fyddai'n rhaid i'r dyletswydd syrthio ar ei ysgwyddau ef, felly. Gwyddwn nad oedd Glynne yn hoff iawn o'i gefnder hŷn, a dweud y lleiaf. "He's a cocky bugger, mind," oedd cwyn Glynne. Yn sicr, roedd elfen gref o'r 'ceiliog ar ei domen ei hun' yn Elwyn ac roedd yn ddyn hunanfoddhaol heb ei ail ymhlith ei deulu estynedig a thu hwnt. Ond teulu yw teulu! Felly, roedd angen galw ar fy holl ddoniau perswâd i argyhoeddi Glynne ei bod yn hollbwysig iddo fynd i'r angladd er ein mwyn ni i gyd ac er chwarae teg i Elwyn. Yn hwyr yn y dydd, fe gytunodd ond trefnais lifft gyda Gwynne iddo, rhag ofn!

Daeth y dydd ac anghofiais am yr angladd wrth ymgolli ym mhrysurdeb ein gweithgareddau ni. Wrth araf ddadflino ar ôl diwrnod llwyddiannus, hir, cawsom alwad oddi wrth Gwynne:

"Oreit Mairwen fach! The thing is, Glynne's in 'ospital. They're keepin' 'im in. Don' you worry. I'll see to 'im tomorro' an' I'll phone you again, oreit?"

Dros y diwrnodau nesaf clywsom y storïau i gyd am angladd Elwyn. Ond i bob pwrpas, storïau Glynne oedden nhw mewn gwirionedd, wrth iddo wthio Elwyn i gefn y llwyfan am y tro cyntaf.

Yn ôl y sôn, ymunodd Glynne a Gwynne â'r dorf fawr a oedd wedi hel at ei gilydd y tu fas i dŷ Elwyn yn brydlon. Efallai fod y wasgfa'n drech nag ef, neu efallai na chafodd ddigon o frecwast, ond yn sydyn, dechreuodd Glynne deimlo'n sâl. Teimlai fel llewygu a syrthiodd yn swp ar reiliau pigfain y tu fas i'r dre. Clywodd Glynne lais y Trefnydd Angladdau, mab ffrind da iddo fel mae'n digwydd, yn dweud o'r pellter: "Hey, don' you 'ang around by there or I'll 'ave you in 'ere in no time. There's room for two, mind!" Ond ofer oedd ymdrechion dau ddyn dewr i gadw Glynne ar ei draed, un y tu blaen iddo a'r llall y tu ôl iddo. Syrthiodd yn araf i'r pafin, yn anymwybodol. Ymhen chwinciad, mae'n debyg, clywyd sŵn cras yr ambiwlans yn mynd ar ras trwy strydoedd culion y cwm gan dorri hwyl sobor y galarwyr yn deilchion. Lledaenodd si trwy'r dyrfa nes iddo gyrraedd Anti Gwyn a oedd yn sownd yng nghefn y llu, heb allu gweld dim, ac fe waeddodd yn ei phanig pur: "O diar God! Not another one!"

Ni allai'r hers na'r ambiwlans symud cyn i gyflwr Glynne sadio ychydig. Ond yn y pen draw, aeth yr ambiwlans yn ei flaen â'i seiren yn seinio'n swnllyd, gyda Gwynne yn ei gar, a'r hers wedi'i llwytho o'r diwedd, yn ei ddilyn. Dechreuodd Glynne ddod at ei goed funudau cyn cyrraedd yr ysbyty. "S'mai butt!" meddai'r parafeddyg. "Un funud arall, boi, a basa'n syth i'r corffdy 'da ti!" Afraid dweud nad aeth Glynne na Gwynne i'r amlosgfa nac i de'r angladd a threuliodd y ddau weddill y diwrnod mewn ward achosion brys yn Ysbyty Brenhinol Morgannwg yn aros am ganlyniadau profion. Gadawodd Gwynne yr ysbyty mewn pryd i gael un peint haeddiannol cyn amser cau yn hoff dafarn Elwyn ac mewn pryd hefyd i gasglu at ei gilydd ddigwyddiadau cyffrous y dydd. Drannoeth, cafodd Glynne ganiatâd i adael yr ysbyty gyda llwyth o gyffuriau, a gorchymyn i wneud apwyntiad yn y clinig clefyd siwgr. Wrth yrru'r claf tua thre, troes Gwynne ato gan ddweud: "Look, Glynne. If you did'n wanna go to the bloody funeral, mun, you should 'ave said, 'ychan." Ond y sylw a drawodd yr hoelen ar ei phen yn y ddrama ffarsaidd honno oedd un Mary. "O diar! Basa Bopa Cein wedi gwallgofi'n llwyr. Basa'n absolutely tampin' mad!"

Ôl-nodyn

Rwy'n falch dweud nad oes neb wedi clywed oddi wrth Bopa Cein hyd yn hyn, na chlywed cloncian cadwynau, na gweld cysgodion arswydus yn dod at y ffenestri gyda'r nos. Cyn belled ag y gwn i, mae pob un o'r llwyth yn iach a phopeth yn iawn. Ond diolch i'r cymeriadau cryfion, lliwgar a'r profiadau ingol dwys a digrif a geir ynghlwm yn yr ysgrifau hyn, rwyf wedi sylweddoli rhywbeth pwysig. Mae'r teimlad o bellter wedi nodweddu fy mywyd ers pan oeddwn yn blentyn yn y Rhondda. Erbyn hyn, wedi teithio'n hir trwy'r byd ac amser, mae 'pellter' wedi cael ei ddisodli gan 'berthyn'. Yr unig beth sydd ar ôl i'w ddweud, felly, yw pan ddaw fy nhro i :

> *I want a mess made in the snow so that the earth looks wounded, forced open, an unwilling participant... Stand openly to the weather... It won't take long. Go to the hole in the ground. Stand over it. Look into it. Wonder. And be cold. But stay until it's over. Until it is done.*

> *The Undertaking: Life Studies from the Dismal Trade*
> Thomas Lynch